AF554199

Vodič za novi svijet

zašto je uzajamno jamstvo ključ našeg oporavka od globalne krize

dr. sc. Michael Laitman
i
dr. sc. Anatolij Uljanov

Izdavač
Izdanja Antibarbarus d.o.o.
Zagreb, Zvonarnička 3

Za izdavača
Simona Goldstein
Naslov izvornika
A Guide to the New World: why mutual guarantee is the key to our recovery from the global crisis

Prijevod
Andrea Bagović

Lektura i korektura
Izdanja Antibarbarus d.o.o.

© 2020 Michael Laitman i Izdanja Antibarbarus d.o.o., Zagreb za hrvatsko izdanje

Sva prava pridržana, osobito prijevoda, javnih predavanja, prijenosa preko radija i televizije, kako za cjelinu tako i za pojedine dijelove. Nijedan dio djela ne smije se bez pisanoga dopuštenja izdavača ni u jednom obliku reproducirati ili putem elektronskog sustava obrađivati, umnožavati ili širiti.

Priprema
Izdanja Antibarbarus d.o.o., Nenad Rožić

Naslovnica
Inna Smirnova

Tisak i uvez
Grafomark d.o.o., Zagreb, Josipa Lončara b.b.

ISBN 978-953-249-129-6

CIP zapis dostupan u računalnome katalogu Nacionalne i sveučilišne knjižnice u Zagrebu pod brojem 837779.

Predgovor

Društveni nemiri koji su započeli 2011. godine proširili su se kao globalni šumski požar, zahtijevajući jednakost, društvenu pravdu, pravednu raspodjelu prihoda i, u nekim slučajevima, demokraciju.

Zašto 1% svjetske populacije posjeduje 40% bogatstva? Zašto obrazovni sustavi širom svijeta stvaraju nesretnu i neobrazovanu djecu? Zašto ima gladi? Zašto životni troškovi rastu ako se proizvodi dovoljno živežnih namirnica da se svi namire i da još i preostane? Zašto i dalje ima zemalja u kojima ne postoje ljudsko dostojanstvo i društvena pravda? I prije svega, kada će se i kako sve te pogreške ispraviti?

Godine 2011. ta su pitanja dirnula u srce stotine milijuna ljudi širom svijeta i narod je izašao na ulice. Vapaj za društvenom pravdom postao je zahtjev oko kojega se svi mogu ujediniti, bez obzira na rasu, vjeru, spol ili boju, jer svi čeznemo za društvom u kojem se možemo osjećati sigurno, vjerovati susjedima i prijateljima te jamčiti za budućnost naše djece. U takvu društvu svi će skrbiti za sve, a uzajamno će jamstvo – u kojem svi jamčimo blagostanje jedni drugima – cvjetati.

No kako da ostvarimo uzajamno jamstvo? Kako da građani steknu samopouzdanje i sigurnost, svijest o tome da će se, budu li sutra pali, netko pobrinuti za njih?

Traganje za odgovorima na ta složena, važna pitanja dovelo je do odluke da se napiše ova knjiga. Da, unatoč svim izazovima, mi vjerujemo da je promjena moguća i da možemo pronaći način da je provedemo. I upravo je zbog toga knjiga koju držite u rukama pozitivna, *optimistična*.

Sada imamo jedinstvenu priliku da postignemo globalnu transformaciju na miran i ugodan način, a ova nam knjiga nastoji pomoći da utremo put prema tom cilju.

STRUKTURA KNJIGE

Knjiga se sastoji od dva dijela i bilješki.

PRVI DIO:
Koncept uzajamnog jamstva

Poglavlje 1:
Integralni svijet u nastanku

Poglavlje 2:
Kako se Priroda uklapa u koncept uzajamnog jamstva

Poglavlje 3:
Primjena načela uzajamnog jamstva u društvu

Poglavlje 4:
Novi pristup konceptu društvene pravde

DRUGI DIO
„Izgradnja novog društva": sažetak i nove perspektive na načela predstavljena u Prvom dijelu.

Bilješke
Reference na publikacije vezane uz društvo, ekonomiju i obrazovanje

Prvi dio

Revolucija srca

NOVI SVIJET

„Svi smo u istom čamcu, istoj globalnoj ekonomiji. Naši imetci zajedno rastu i zajedno padaju. (...) Imamo kolektivnu odgovornost – stvoriti stabilniji i prosperitetniji svijet, svijet u kojem svaka osoba u svakoj zemlji može ostvariti svoj puni potencijal."[1]

Christine Lagarde, čelnica Međunarodnog monetarnog fonda (MMF)

Nemiri širom svijeta 2011. godine nepovratno su promijenili svijet. Milijuni ljudi izašli su na ulice na svakom kontinentu, od Arapskog proljeća do pokreta *Occupy Wall Street*. Ma gdje udarila „društvena oluja", kroz mnoštvo su odjekivali zahtjevi za društvenom pravdom i jednakošću (uz razumljive varijacije između pojedinih zemalja i kultura). Ljudi su počeli zahtijevati rješenja za svoje probleme; tražili su promjenu. Često nisu baš uspijevali formulirati svoje zahtjeve, ali dubok osjećaj da se s njima postupa loše potaknuo ih je na djelovanje, na to da izađu na ulice i protestiraju, katkada stavljajući život na kocku.

Zašto je došlo do tih protesta? Zašto su se dogodili baš u tom trenutku? Zašto su se dogodili tako sinkronijski, kao da raspiruju jedni druge? Da bismo shvatili kako stvari funkcioniraju u globalnom dobu, trebamo sagledati stanje čovječanstva iz širokog kuta, a ne toliko razmatrati svaki aspekt stanja čovječanstva zasebno.

„Povjesničari će se osvrtati i govoriti da ovo nije bilo obično vrijeme, nego odlučujući trenutak: razdoblje globalne promjene bez presedana, trenutak kad je jedno poglavlje završilo a drugo započelo – za nacije; za kontinente; za cijeli svijet."[2]

Gordon Brown, povjesničar,
bivši premijer Ujedinjenog Kraljevstva (2008)

Od početka globalne krize 2008. godine postaje sve jasnije da se nalazimo na povijesnoj prekretnici. Stope razvoda neprestano rastu i mnogi se ljudi ne žele vjenčati ni imati djecu.[3] Zloporaba droga sve je veća,[4] a nasilja i zločina i dalje ima, unatoč činjenici što se zatvorska populacija SAD-a više nego udvostručila u posljednjih 15 godina.[5] Obrazovni je sustav u rasulu,[6] kako zbog ustanova koje nude loše školovanje, tako i zbog obrazovanja koje si većina ljudi ne može priuštiti.[7] Osobna nesigurnost toliko je velika da danas ima više vatrenog oružja u rukama američkih državljana nego što ima državljana,[8] a taj trend raste.[9] U svjetlu svega ovoga, nije čudo što „gotovo 40 posto ljudi pati od duševnih bolesti."[10]

Do sada je čovječanstvo postupno napredovalo iz generacije u generaciju u uvjerenju da će život naše djece biti bolji nego naš. Ono nam je bilo izvor snage i nade. No danas se budućnost ne čini blistavom.[11] Čovječanstvo kao da je izgubilo put.

Primarni pokazatelj naše zbunjenosti u vezi budućnosti jest ekonomska situacija. Od 2008. godine svijet se nalazi u dugotrajnoj ekonomskoj krizi. Što je još gore, izgledi da se pronađe izlaz iz nje čine se loši. Nouriel Roubini, jedan od vodećih ekonomista i pretkazivač ekonomske krize, upozorio je da nas možda čeka „Još jedna Velika depresija. Stvari postaju sve gore, a velika razlika između sadašnjosti i vremena prije nekoliko godina jest u tome što nam ponestaje političkih metaka."[12]

Poslovni magnat i investitor George Soros također tvrdi: „Nalazimo se na rubu ekonomskog sloma."[13] A Sir Mervyn King, trenutačni guverner Engleske banke, zaključuje: „Ovo je najozbiljnija ekonomska kriza koju smo imali u najmanju ruku od 1930-tih godina, a možda i ikada."[14]

Neprekidan pad globalne ekonomije zabrinjava zato što se ne tiče samo našeg novca. Ekonomija nije neutralna mreža industrije, trgovine i bankarstva. Ona prije svega odražava naše ambicije i želje, naše odnose i smjer u kojem se krećemo. Stoga, kao što ćemo detaljno objasniti, ekonomska kriza upućuje na ozbiljan problem u društvu – a osobito u međuljudskim odnosima.

ŠTO JE KRIZA?

Rječnik Merriam-Webster definira krizu kao „Točku promjene na bolje ili na gore". Također, kao „Presudni trenutak", kao „Nestabilno ili kritično vrijeme ili stanje stvari, u kojima je neumitna odlučujuća promjena" i kao „Situaciju koja je došla do kritične faze."

Na grčkom *krisis* doslovno znači „odluka", od *krinein*, „odlučiti".

Ljudi na cijelom svijetu u zadnjih su nekoliko desetljeća postali puno povezaniji. Globalizacija je stvorila fluktuaciju robe, usluga, informacija i ljudi od mjesta do mjesta, uistinu „smanjivši" svijet u globalno selo. Ian Goldin, ravnatelj Oxford Martin School na Sveučilištu u Oxfordu i bivši potpredsjednik Svjetske banke, u jednom je predavanju rekao: „Globalizacija postaje sve složenija, a ta promjena sve brža. Budućnost će biti još manje predvidljiva... Ono što se dogodi na jednom mjestu vrlo brzo utječe na sve ostalo. Ovo je sistemski rizik."[15]

Zahvaljujući globalizaciji postalo je jasno da smo svi međusobno povezani i međusobno ovisni, poput zupčanika u stroju. Događaj na jednom kraju planeta može pokrenuti domino efekt koji stvara valiće po cijelome svijetu.

Trgovinske veze u automobilskoj industriji SAD-a i Japana mogu poslužiti kao primjer toga da je u globaliziranom svijetu bit igre međusobna ovisnost. Razorni potres i tsunami koji su pogodili Japan 11. ožujka 2011. poremetili su lanac proizvodnje i uvoza automobila i automobilskih dijelova iz Japana u SAD. Premda je to nepovoljno djelovalo na proizvodne linije tvornica japanskih proizvođača automobila u SAD-u, povoljno je djelovalo na druge proizvođače automobila, koji su povećali svoj udio na tržištu zbog nevolja u Japanu.

Financijsko tržište možda je najbolji primjer međunarodne međuovisnosti. Državne obveznice koje kupuju druge države neraskidivo povezuju ekonomije i, ustvari, zemlje. Kineska vlada, primjerice, mora kupovati obveznice SAD-a zato da bi Amerikanci mogli kupovati kinesku robu, čime održavaju brzi rast Kine i omogućuju joj da ne pati od nezaposlenosti.

Urednik časopisa Newsweek International, Fareed Zakaria, rječito je opisao tu zamršenost u Newsweekovu članku pod naslovom „Izvadite novčanike: svijetu je potrebno da Amerikanci troše": „Kad bi mi bogovi ekonomije rekli da mogu dobiti odgovor na jedno pitanje o sudbini globalne ekonomije... ja bih pitao: 'Kad će američki potrošač ponovno početi trošiti?'"[16] Uistinu, postali smo globalno selo, posve se oslanjamo jedni na druge u pogledu sredstava za život.

Nešto je noviji primjer globalne međuovisnosti kriza američkog dužničkog plafona. U srpnju 2011. godine SAD su trebale odrediti novi dužnički plafon. Međutim, zbog političke borbe između republikanaca i demokrata, umalo je probijen rok za određivanje tog plafona. Svijet se uplašio da će Amerika prestati kupovati jer je prekoračila svoj dužnički plafon. Posljedično tome strmoglavile su se burze širom svijeta. Premda nitko uistinu ne očekuje od Amerike da vrati svoj kolosalni dug, koji je sada veći od 100% njezina BDP-a[17] i koji je prešao prag od 15 bilijuna dolara,[18] svi su ipak tjeskobno čekali da Amerika riješi svoju političku prepirku kako bi svijet mogao dalje funkcionirati. Najzad, kad bi Amerika odustala od plaćanja svog duga, deseci milijuna radnika na cijelome svijetu ostali bi bez posla unutar nekoliko dana.

Prof. Tim Jackson, povjerenik za ekonomiju u Povjerenstvu za održivi razvoj vlade Ujedinjenog Kraljevstva, rekao je o globalizaciji: „To je priča o tome kako se nas, narod, uvjerava da trošimo novac na stvari koje ne trebamo kako bismo stvarali dojmove koji neće potrajati na ljude za koje ne marimo."[19]

Kriza u eurozoni, gdje Njemačka i Francuska moraju plaćati programe sanacije i spašavanja zemalja PIIGS (Portugal, Irska, Italija, Grčka i Španjolska), još je jedan primjer ekonomske međuovisnosti. Mada se možda čini nepoštenim što njemački državljani moraju plaćati za prijašnju rasipnost Grčke, istina je zapravo da su Grci svoj novac velikim dijelom trošili na njemačku robu, zahvaljujući čemu su njemački radnici mogli zadržati posao i plaćati poreze. Stoga se ovdje o radi o dvosmjernoj pogodbi, gdje Grci pomažu Njemačkoj da održi svoju ekonomsku snagu, a Njemačka zauzvrat izvlači Grke iz škripca kada su švorc. Međuovisnost na djelu!

U prošlosti, svijet se sastojao od izoliranih dijelova, no kako je mreža globalnih veza ojačala, našli smo se u novom, nestalnom, nepredvidljivom svijetu. Poznati sociolog Anthony Giddens izrazio je tu zbrku sažeto, a precizno: „U dobru i u zlu, gura nas se u globalni poredak koji nitko u potpunosti ne razumije, ali čije učinke svi osjećamo."[20]

Premda to nismo planirali, premjestili smo se iz naših osobnih čamaca, u kojima smo neovisno veslali morem života, u jedan zajednički čamac, kako je to istaknula Christine Lagarde u gore navedenom citatu. A budući da smo sada svi u istome čamcu, očito je da svi ovisimo jedni o drugima. To znači da, ne budemo li se svi složili u pogledu smjera u kojem želimo ploviti, nećemo uspjeti napredovati ni u kojem smjeru, kao što globalno usporavanje i dokazuje. Zamislite što se zbiva kada je bezbroj ljudi okrenuto u bezbroj smjerova u isti mah. Očigledan je rezultat paraliza, stanje u kojem je svijet trenutačno zaglavio.

Da biste bolje razumjeli tu paralizu, zamislite bračni par čiji se brak raspada. Na vrhuncu krize toliko su ogorčeni jedno na drugo da im zajednički život postaje nepodnošljiv. Dok još žive u istoj kući, jedva čekaju trenutak kada će se razići. U tako napetoj situaciji čini im se da ih zidovi pritišću jedno uz drugo, dok ih međusobna odbojnost istovremeno tjera da se udalje što je moguće više. Poput tog bračnog para, i mi smo puni mržnje jedni prema drugima. No za razliku od tog para, mi ne možemo otići jer ne postoji druga Zemlja koju bismo mogli nastaniti.

„Budući da međuovisnost pogađa svakoga na svijetu na način bez presedana, upravljanje globalnim rizicima najveći je izazov čovječanstva. Pomislite na klimatske promjene; na opasnosti nuklearne energije (...); terorističke prijetnje (...); kolateralne posljedice političke nestabilnosti; ekonomske odjeke financijskih kriza; epidemije (...); i iznenadne panike koje raspiruju mediji, poput nedavne europske krize s krastavcima. Sve te pojave čine dio tamne strane globaliziranog svijeta: kontaminacije, zaraze, nestabilnosti, međusobne povezanosti, nemira, zajedničke krhkosti... Međuovisnost je naime uzajamna ovisnost – zajednička izloženost opasnostima. Ništa nije posve izolirano, a 'vanjski poslovi' više ne postoje (...). Tuđi problemi sada su naši problemi i više ih ne možemo ravnodušno promatrati, niti se nadati da ćemo iz njih izvući neku osobnu korist."

Javier Solana, bivši glavni tajnik NATO-a[21]

Da bismo izašli nakraj sa suvremenom stvarnošću, moramo obratiti pozornost na globalnu, povezanu prirodu svijeta koji se pojavljuje pred nama. A u tome nam u pomoć priskače znanost. Povezani sustavi nisu ništa novo; cijela Priroda sastoji se od takvih sustava. Ljudsko tijelo – usporedba koja će se često rabiti u ovoj knjizi – divan je primjer povezanog sustava. Svi su organi u tijelu povezani i rade u skladu i reciprocitetu. Svaka stanica i organ u tijelu „zna" svoju ulogu i obavlja je, čime pridonosi čitavom organizmu: srce pumpa krv kroz cijelo tijelo, pluća apsorbiraju zrak za cijelo tijelo, a jetra pročišćava krv za cijelo tijelo.

Istovremeno, svaki je organ u našem tijelu ujedno i potrošač koji od tijela prima sve što mu je potrebno za život. Pa ipak, svrha postojanja svakog organa nije usmjerenost na sebe, u smislu koristi za taj organ, nego usmjerenost na organizam, u smislu koristi za *cijeli* organizam. Organi postoje kao dijelovi zajednice, oni zajedno tvore jedinstvenu, potpunu cjelinu. Bez konteksta te cjeline ne bismo mogli u potpunosti shvatiti ni funkciju ni svrhu svakog pojedinog organa. Hranjive tvari koje svaki organ prima od tijela omogućuju mu da funkcionira i ostvari svrhu svog postojanja, svoju jedinstvenu ulogu u odnosu na ostatak organizma, te da ostvari svoj puni potencijal putem „dijeljenja" svog proizvoda s cijelim organizmom. To je primarni uvjet života u zajednici.

Kad neki sustav u organizmu ne obavlja svoju funkciju, stanje organizma deteriorira u ono koje nazivamo „bolešću". Ako je to stanje bolesti dugotrajno ili akutno, ono može dovesti do kolapsa cijelog sustava i smrti organizma.

Globalno ljudsko društvo i promjene koje su se dogodile u svijetu tijekom zadnjih nekoliko desetljeća upućuju na to da čovječanstvo postaje integrirani, međusobno povezani sustav, kao i ostali sustavi u Prirodi. Stoga su zakonitosti koje opisuju uzajamne veze između elemenata u Prirodi sada primjenjive i na ljudsko društvo.

„21. stoljeće, za razliku od razdoblja nakon Bečkog kongresa, više nije igra nulte sume između pobjednika i gubitnika. Ono je prije stoljeće višestrukih umreženih čvorova. Što su ti čvorovi bolje povezani jedni s drugima, to će biti bolje usklađeni s najboljim idealima i načelima."

Profesor dr. Ludger Kunhardt, direktor Centra za studije europskih integracija (Center for European Integration Studies)[22]

Donedavno smo smatrali da je svatko od nas više ili manje neovisna cjelina. Sagradili smo društvo koje svakome omogućuje da sâm postigne uspjeh, premda je taj uspjeh često dolazio na tuđu štetu.

No mreža veza koja se sada razvija govori nam da takav pristup više ne može funkcionirati. Stari se način iscrpio i sada je unaprijeđen. Da bismo i dalje napredovali, moramo upotrijebiti novu funkciju, koja se raširila u skladu s globalizacijom. A da bismo u tome uspjeli, moramo se povezati jedni s drugima i raditi zajedno.

Brojni stručnjaci u mnogim poljima već objašnjavaju da nam se stari svijet naočigled raspada zato što se temelji na samoživom pristupu čije je vrijeme prošlo. Novi svijet od nas zahtijeva da rekonstruiramo sve sustave i procese na temelju novog pristupa suradnje i uzajamnog jamstva, prema kojem smo svi jedni drugima jamci blagostanja. U narednim godinama morat ćemo naučiti raditi zajedno kako bismo osigurali vlastiti opstanak. Svaka osoba, svako društvo, svaka nacija i svaka država morat će naučiti raditi zajedno.

> „Stvarni izazov današnjice jest promijeniti naš način razmišljanja – ne samo naše sustave, institucije ili politike. Potrebna nam je mašta kako bismo pojmili golemo obećanje – i izazov – međusobno povezana svijeta koji smo stvorili. (...) Budućnost se nalazi u više globalizacije, a ne manje, u više suradnje, više interakcije između naroda i kultura, pa i u više dijeljenja odgovornosti i interesa. Danas nam je potrebno jedinstvo u našoj globalnoj raznolikosti."
>
> Pascal Lamy, glavni direktor Svjetske trgovinske organizacije (WTO)[23]

Rješenje sadašnje krize ovisi, kao prvo i osnovno, o tome da promijenimo sebe i prilagodimo se toj novoj stvarnosti. Zbog toga ljudi širom svijeta počinju mijenjati svoje ponašanje – počinju osjećati da njihove vlade ne funkcioniraju ispravno i da ne mogu pronaći rješenja za njihove probleme. Mnogi imaju potrebu izaći na ulicu i pridružiti se drugima koji slično razmišljaju.

Navode mnoge razloge za takva okupljanja, ovisno o zemlji. U arapskom svijetu prosvjeduju za demokraciju i slobodu govora. U Europi zahtijevaju rješenja za probleme nezaposlenosti i mjera štednje, a u Americi se radi o 1% bogatih nasuprot 99% onih koji to nisu.

Kad se ljudi okupe u prosvjedu, postanu svjesni novog osjećaja snage. Možete ga osjetiti u šatorskim naseljima po čitavoj Europi, u pokretu *Occupy* u SAD-u, pa čak i u Egiptu, gdje ljudi neprestano izlaze na ulice jer osjećaju da zajedno imaju moć da dobiju ono što žele. Čak i kad baš ne mogu verbalizirati *što* je to što žele, kao u ranim danima pokreta *Occupy*, jasno je da ljudi uživaju u iskustvu autentične demokracije, u kojoj se sve odluke donose u duhu grupe, umjesto putem lobiranja i političkog manevriranja.

Zajedništvo tih prosvjednika podudara se s novim zakonitostima globaliziranog svijeta. Ta sukladnost pridaje još više snage prosvjedima, snage pred kojom vlade ne mogu ostati ravnodušne. Međutim, kako bi prosvjedi uspjeli, moraju ostati u skladu sa zakonitošću globalizacije. Svako rješenje koje favorizira jedan sektor ili tabor, nauštrb nekog drugog, usmjereno je samo na sebe samo baš kao i aktualni sustav, pa je stoga osuđeno na propast.

Danas će svaka grupa za pritisak koja radi isključivo za vlastitu korist, a na štetu drugih, samo intenzivirati postojeće borbe za moć te ubrzati propast društva i ekonomije te zemlje. Novo stanje svijeta zahtijeva da svi mi, od običnih građanina do donositelja odluka, rješavamo probleme putem vijećanja, obzirnosti i uzajamnog jamstva.

„Naša dobrobit nerazmrsivo je povezana s dobrobiti stranaca na cijelom planetu... U nekom trenutku morat ćemo se izdići ponad ratobornog modusa i prilagoditi se našoj međusobnoj povezanosti. Kao što je Clinton rekao: 'Kako naša međusobna ovisnost postaje sve jača, otkrivamo da (...) nama ide bolje kada i drugima ide bolje,

pa zato moramo pronaći načine na koje svi
možemo pobijediti.'"
Gregory Rodriguez, utemeljitelj i direktor Centra za
društvenu koheziju na Državnom sveučilištu u Arizoni[24]

Novi svijet zahtijeva da provedemo revoluciju u svojim odnosima, ne silom, nego u srcima. Ona se mora dogoditi u svakome od nas ponaosob. U Poglavljima 3 i 4 razmotrit ćemo sredstva koja nam stoje na raspolaganju da uspijemo u toj revoluciji. Zasad recimo samo da je svrha te revolucije naše percepcije u tome da nam proširi svijest s „mene" na „nas", da nas izvuče iz skučenih pregrada na široko, zajedničko polje.

Nema sumnje da živimo u posebno vrijeme. Uzajamno jamstvo pojavljuje se kao zakonitost života u našem povezanom svijetu. U sljedećem poglavlju vidjet ćemo da nisu povezani samo svi ljudi, već i da tvorimo jedinstvenu cjelinu zajedno s čitavom Prirodom.

„Upitao sam Dalai Lamu što je ključ za Mir?
Rekao je: 'Misli Mi, ne Mene ili Ja.'"
Kenro Izu, utemeljitelj Prijatelja bez granica[25]

Priroda i mi

„Ljudsko biće dio je cjeline koju zovemo ‘svemir’... Mi sebe, svoje misli i osjećaje doživljavamo kao nešto odvojeno od ostaloga, što je neka vrsta optičke iluzije svijesti.”

Albert Einstein, u pismu iz 1950.[26]

Odmorimo se načas od strke i vreve života o ovo postmoderno doba obilježeno samoživošću i pogledajmo odakle potječe koncept uzajamnog jamstva. Duboko u srcu golemog svemira nalazi se jedna spiralna galaksija, ni po čemu posebna. U njoj je jedna naizgled prosječna zvijezda koju okružuju planeti i asteroidi, kao i mnoge druge zvijezde u svemiru.

No na trećem planetu od te zvijezde postoji pojava koje nema na drugim planetima, možda ni na kojem drugom osim na tom, premda je svemir prevelik da bismo bili sigurni. Ta se pojava zove „život".

Život je neobična pojava utoliko što je dinamičan i što se neprekidno mijenja. Međutim, ne mijenja se nasumično, nego u vrlo jasnom smjeru – od jednostavnog prema složenom, od separiranosti prema integraciji. Neposredno nakon Velikog praska „svemirom je dominirala radijacija", objašnjava se u jednoj publikaciji MIT-ova Opservatorija Haystack.[27] „Ubrzo su se kvarkovi počeli spajati u barione (protone i neutrone). Kad je svemir bio star tri minute, ohladio se dovoljno da bi se ti protoni i neutroni mogli spajati u jezgre."

Proces povećavanja integracije i složenosti nastavio se, tvoreći galaksije, zvijezde i planete. Najmanje na jednom od tih planeta proces je otišao dalje od mineralne razine i prešao na organsku razinu, inače poznatu kao „život". Do te je mogućnosti došlo kad su se organski materijali spojili na način koji im je dao jedinstvenu osobinu – samoreplikaciju. Kako su se nastavili spajati u skladu s tijekom evolucije, postajali su sve sofisticiraniji, svladavajući specijalizirane zadatke i donoseći korist cijeloj skupini stanica (ili molekula unutar jedne stanice). Oslanjali su se na to da će im ostali elementi u grupi priskrbiti ono što im je potrebno dok oni obavljaju vlastite jedinstvene funkcije za druge. Bili su to prvi primjeri uzajamnog jamstva u Prirodi, a načela koja su se odnosila na te kolonije stanica prije više milijardi godina još se i dan danas odnose na svako živo biće.

Nakon približno četiri milijarde godina na Zemlji se pojavila ljudska vrsta. Ljudi, za razliku od ostatka Prirode, smatraju da su različiti, odvojeni od drugih aspekata Prirode. Mi smatramo da smo superiorni, da nismo dio cijelog sustava, nego da smo iznad njega. Obilježje koje je čovječanstvo zapravo uvelo u sustav Prirode osjećaj je samoživosti. Sve druge životinje, biljke i minerali obavljaju svoje zadatke onako kako Priroda nalaže, putem nagona i stečenih načina ponašanja. Mi, s druge strane, imamo slobodu izbora da djelujemo za vlastite interese ili za interese drugih u društvu.

Pogledamo li Prirodu, uvidjet ćemo da opredjeljenje za uzajamno jamstvo i za pretpostavljanje društvenih interesa osobnim donosi više dobrobiti pojedincu. Kao što smo objasnili na primjeru tijela u prethodnom poglavlju, ni jedan organizam ne bi mogao postojati kad bi njegove stanice radile samo za sebe. Isto tako, ni jedno ljudsko biće ne bi moglo postojati kad bismo svi morali sve raditi za sebe. Zamislite sedam milijardi ljudi na Zemlji kako obrađuju zemlju samo za sebe, kopaju bunare i pumpaju vodu samo za sebe te love životinje za hranu i odjeću samo za sebe. Što bi se dogodilo našem društvu? Ustvari, što bi se dogodilo *nama?*

Dakle, osobni je interes ono što nas navodi na to da surađujemo, ali u nama postoji nešto što nas tjera da radimo za sebe, naizgled se ne obazirući na našu stvarnu međuovisnost. Vraćajući se na primjer ljudskog tijela, evolucijska biologinja Elisabet Sahtouris rječito je objasnila koncept međuovisnosti između elemenata usmjerenih na sebe, u prezentaciji koju je održala na konferenciji u Tokiju u studenom 2005: „ U vašem tijelu, svaka molekula, svaka stanica, svaki organ (...) ima osobni interes. Kad svaka razina (...) iskazuje svoj osobni interes, onda to nužno dovodi do pregovaranja između razina. U tome je tajna Prirode. U svakom trenutku u vašem tijelu ti pregovori dovode vaš sustav do sklada."

Kad bismo uspjeli uvidjeti da evolucija još i danas traje, da nije završila pojavom *homo sapiensa*, shvatili bismo da je smjer od jednostavnog prema složenom, od separacije prema integraciji, i dalje kurs kojim se Priroda kreće. Jedina je razlika u odnosu na protekla vremena u tome što ljudska vrsta nije primorana na integriranje, nego mora izabrati integriranje umjesto separiranja. Učini li tako, uslijedit će život u skladu, ravnoteži i prosperitetu.

Iz toga slijedi da proces kojim je svijet postao globalno selo nije jedinstveni incident, nego prirodni nastavak gotovo 14 milijardi godina evolucije nakon Velikog praska. Kriza kroz koju čovječanstvo danas prolazi nije kolaps civilizacije, već pojava nove etape u kojoj i čovječanstvo postaje jedinstvena cjelina koja je svjesna svoje međusobne povezanosti i koja djeluje u skladu s njome. Kada to spoznamo bit ćemo kao jedan organizam, unutar kojega svaki organ radi za dobrobit cjeline dok mu ostatak organizma podmiruje sve potrebe.

KOMPLEMENTARNOST I RECIPROCITET

„Jedinstvo i komplementarnost tvore stvarnost."[28]

Werner Heisenberg, fizičar, formulirao načelo neodređenosti

Pomnijim ispitivanjem Prirode razotkriva se duboka veza na koju se ona oslanja. Svaki element nadopunjava druge elemente i služi im, kao što to pokazuje hranidbeni lanac: biljke se hrane mineralima, biljojedi biljkama, a mesojedi biljojedima. Taj lanac obuhvaća mnoštvo manjih lanaca, koji zajedno tvore čitav hranidbeni lanac. U hranidbenom lancu svaki element utječe na sve ostale elemente, a svaka promjena u nekome od njih utjecat će na sve ostale elemente u lancu.

Proučavanje Prirode pokazuje da svaki element koji obavlja svoju funkciju omogućuje ekosustavima da zadrže ravnotežu između različitih elemenata u sustavu, održavajući ga na taj način zdravim. U zapanjujućem izvještaju koji su Ministarstvu obrazovanja SAD-a u listopadu 2003. godine podnijele Irene Sanders i dr. Judith McCabe, jasno je prikazano što se zbiva kad poremetimo ravnotežu Prirode. „Godine 1991. jedna je orka – kit ubojica – viđena kako jede morsku vidru. Orke i vidre obično žive zajedno u miru. Pa što se onda dogodilo? Ekolozi su otkrili da se smanjuje i broj grgeča i haringa u oceanu. Orke ne jedu te ribe, ali jedu ih tuljani i morski lavovi. A orke obično jedu tuljane i morske lavove, no njihova se populacija također smanjila. Stoga su, lišene tuljana i morskih lavova, orke počele uzimati razigrane morske vidre kao večeru.

Vidre su dakle nestale zbog toga što su nestale ribe koje one uopće nisu jele. Taj se val sada širi. Nema više vidri koje bi jele morske ježeve, pa je populacija morskih ježeva eksplodirala. A morski ježevi žive od šuma morske trave na morskome dnu, pa sada ubijaju morsku travu do istrebljenja. Morska trava bila je dom ribama kojima se hrane galebovi i orlovi. Kao i orke, galebovi mogu pronaći drugu hranu, ali bjeloglavi orlovi to ne mogu i sad su u nevolji.

Sve je to započelo smanjivanjem broja grgeča i haringi. Zašto? Pa, japanski su kitolovci ubijali vrstu kitova koji jedu iste one mikroskopske organizme kojima se hrani i kolja [vrsta ribe mesožderke]. Uz više hrane, kolje cvatu. One pak napadaju grgeče i haringe, koji su hrana za tuljane i morske lavove. Zbog smanjivanja populacije morskih lavova i tuljana, orke moraju prijeći na vidre."

PRIRODA I EKOLOGIJA

Kao što smo vidjeli, Priroda se sastoji od recipročnih veza koje stvaraju ravnotežu, slaganje i sklad. No ljudi ne funkcioniraju na taj recipročan način, ni međusobno niti između sebe i Prirode. Stoga, budući da su ljudi dio Prirode, izostanak njihova slaganja s njom i između sebe izbacuje čitav sustav iz ravnoteže, kao što je pokazano u maloprijašnjem primjeru s orkama. Dok cijela Priroda slijedi načelo uzajamnog jamstva – daj ono što možeš i dobij ono što trebaš – ljudi funkcioniraju na suprotan način: uzmi ono što možeš a daj ono što moraš. Mi ljudi eksploatiramo jedni druge, a svi mi kao čovječanstvo eksploatiramo Prirodu. Zapravo, već smo gotovo iscrpili sve resurse našeg planeta.

> „Svojim ekološkim otiscima već iskorištavamo obnovljive resurse 1,4 planeta Zemlje, a do 2050. godine vjerojatno ćemo ih iskorištavati za dva planeta. Drugim riječima, živimo neodrživo i smanjujemo Zemljin prirodni kapital. Nitko ne zna koliko još možemo nastaviti tim putom, ali uključuju se ekološka zvona za uzbunu."
>
> G. Tyler Miller, Scott Spoolman,
> *Living in the Environment: Principles, Connections, and Solutions*
> (Živjeti u okolišu: Načela, veze i rješenja)[29]

Ljudska bića postala su nalik na zloćudni tumor u Prirodi. Čovječanstvo isisava sve za sebe, ne obazirući se na okoliš. No baš kao što rak umire zajedno s organizmom kojemu donosi smrt, tako će i čovječanstvo umrijeti ne bude li se preobrazilo u zdravi organ unutar organizma Prirode.

Da bismo shvatili zbog čega se čovječanstvo ponaša tako neodgovorno i neracionalno, trebamo pomnije pogledati ljudsku prirodu. Kao što je biologinja Sahtouris objasnila u gore navedenom citatu: „Svaka molekula, svaka stanica, svaki organ (...) ima osobni interes." Ipak, osobni interes ne znači da ljudska vrsta mora zanemariti činjenicu da je održavanje dobrobiti organizma – koji je čovječanstvo – u osobnom interesu pojedinca.

Ono što nam tu činjenicu prikriva naš je osjećaj *samoživosti*, odnosno „narcizma". Psiholozi Jean M.

Twenge i Keith Campbell opisuju naše društvo kao „sve narcisoidnije".[30] U svojoj pronicavoj knjizi *The Narcissism Epidemic: Living in the Age of Entitlement* (*Epidemija narcizma: život u doba svojatanja prava*), Twenge i Campbell govore o „Neumoljivom usponu narcizma u našoj kulturi"[31] i problemima koje on uzrokuje. „Sjedinjene Američke Države trenutačno pate od epidemije narcizma (...) osobine narcisoidne ličnosti šire se jednakom brzinom kao pretilost", objašnjavaju. „Što je još gore", nastavljaju, „širenje narcizma se ubrzava, rezultati se u 2000-tima povisuju brže nego u prethodnim desetljećima. Godine 2006. jedan od četiri studenta odgovarao je većini stavki na standardnom mjerilu narcisoidnih crta ličnosti. Danas, kao što je to sročila pjevačica Little Jackie, mnogi ljudi misle 'Da, gospodine, cijeli bi se svijet trebao okretati oko mene.'"[32]

U Websterovu rječniku narcizam je definiran kao „egoizam", a to, da budemo izravni, znači da smo postali nepodnošljivo sebični.

Naš prenapuhani egoizam doveo nas je do toga da smo stvorili kulturu konzumerizma, koja za sobom povlači agresivnu proizvodnju, marketing i potrošnju roba i usluga ne zbog toga što nam one uistinu čine život boljim, nego zbog toga što se njima možemo praviti važni. Mi kupujemo zato što drugi kupuju, zato što ne želimo zaostajati.

Konzumerizam je svaku industriju nagnao na ubrzavanje proizvodnje, zbog čega se hrpetine suvišnih stvari proizvode zastrašujućim tempom. One sada zagađuju planet i iscrpljuju njegove resurse, i to isključivo u cilju održavanja beskonačne potrage za bogatstvom i društvenim statusom. No sve ima svoje granice, a mi smo već gotovo dosegli kraj našeg užeta.

Nakon izvještaja Međunarodne agencije za energiju (*International Energy Agency*, IEA) iz 2011. godine, *International Energy Outlook 2011*, Fatih Birol, vodeći ekonomist u agenciji, rekao je Fioni Harvey iz The Guardian: „Vrata se zatvaraju. Veoma sam zabrinut – ne promijenimo li sada način na koji koristimo energiju, završit ćemo ispod onoga što nam znanstvenici navode kao minimum [sigurnosni]. Vrata će se zatvoriti zauvijek."[33]

Slično tomu, u jednom sažetku sa Sveučilišta Yale tvrdi se: „U nacrtu izvještaja Međuvladinog panela o klimatskim promjenama (*Intergovernmental Panel on Climate Change*, IPCC) stoji da je vjerojatnost 2 naprama 3 da promjena klime koju su uzrokovali ljudi već dovodi do povećanja učestalosti ekstremnih vremenskih uvjeta. U sažetku nacrta (...) piše da će sve veće divljanje vremenskih prilika (...) uzimati sve veći danak u vidu izgubljenih života i oštećenja imovine, te da će zbog njega neke lokacije postajati 'sve marginalnijima kao mjesta za život.' U izvještaju piše da su znanstvenici 'virtualno sigurni' u to da će kontinuirano zatopljenje uzrokovati ne samo više ekstremnih toplinskih valova i suša u nekim regijama, nego i intenzivnije pljuskove koji dovode do ozbiljnih poplava."[34]

Nebriga čovječanstva za okoliš već je katastrofalna za naše najosnovnije životne potrebe – naše izvore hrane i vode. Već sada, prema Svjetskom fondu za zaštitu prirode (*World Wildlife Fund*, WWF), „Prekomjerni izlov ribe (...) uništava riblje populacije. Više od 75 posto lovišta ribe već se do kraja eksploatiraju ili trpe od prekomjernog izlova."[35]

Ian Sample iz The Guardian također piše: „Otprilike 40% poljoprivrednog zemljišta na svijetu ozbiljno je degradirano. UN-ova Milenijska procjena ekosustava svrstala je degradiranje zemljišta među najveće ekološke izazove svijeta, napominjući da bi ono moglo destabilizirati društva, ugroziti sigurnost hrane i povećati siromaštvo."[36]

No činjenice o vodi – najosnovnijoj tvari za sve oblike života – najviše zastrašuju. Jedna službena publikacija UNICEF-a detaljno razrađuje opasnost pijenja nečiste vode: „Gotovo pedeset posto populacije zemalja u razvoju - 2,5 milijarde ljudi – nema prikladne sanitarne objekte, a više od 884 milijuna ljudi još uvijek rabi nesigurne izvore pitke vode. Zbog neadekvatnog pristupa čistoj vodi i sanitarnim uslugama, u kombinaciji s lošim higijenskim uvjetima, svakodnevno umire i pobolijeva na tisuće djece, a još ih više tisuća zbog njih trpi siromaštvo i smanjene mogućnosti. Loši sanitarni uvjeti, manjak vode i higijene imaju još mnogo drugih ozbiljnih posljedica. Djeci – a osobito djevojčicama – oduzima se njihovo pravo na obrazovanje zato što u njihovim školama nema (...) pristojnih sanitarnih objekata. Žene su primorane provoditi velik dio dana donoseći vodu. Siromašni farmeri i nadničari manje su produktivni zbog bolesti, zdravstveni su sustavi preopterećeni, a državne ekonomije pate. Bez vode, sanitarnih uvjeta i higijene, održivi razvoj nije moguć."[37]

„Budući da uništavanje prirodnih oslonaca ekonomije i razaranje klimatskog sustava dovode svijet na rub propasti, ti se trendovi moraju preokrenuti. Za to su potrebne izuzetno zahtjevne mjere, brz otklon od uobičajenog."
„Kako zemlja i voda postaju sve oskudniji, kako temperatura Zemlje raste i kako opada sigurnost hrane na svijetu, pojavljuje se opasna geopolitika oskudice hrane."

Lester R. Brown, ekološki analitičar, utemeljitelj i predsjednik Earth Policy Institute (Institut za politiku Zemlje) i autor knjige *World on the Edge: How to Prevent Environmental and Economic Collapse (Svijet na rubu: kako spriječiti ekološki i ekonomski kolaps)*[38]

6. svibnja 2011. Matthew Lee iz Associated Pressa izvijestio je: „Državna tajnica SAD-a Hillary Rodham Clinton upozorila je na to da globalne nestašice hrane i spiralna poskupljenja prijete proširenjem destabilizacije, te potaknula na neodgodivo djelovanje u cilju sprječavanja ponavljanja krize iz 2007. i 2008. godine, koja je dovela do nereda u desecima zemalja širom svijeta u razvoju. (...) UN procjenjuje da je od prošlog lipnja približno 44 milijuna ljudi gurnuto u siromaštvo zbog sve većih cijena hrane, koje bi mogle dovesti do vrlo ozbiljnih nestašica i nemira. Clintonova je rekla da se svijet više ne može 'neprestano oslanjati na pružanje hitne pomoći zato da flaster ne bi otpao.'"[39]

Nažalost, tjedan dana kasnije pojavio se obeshrabrujući izvještaj da „Svijet baca 30% hrane".[40] Prema tom izvještaju, „30% sve hrane proizvedene u svijetu svake se godine baci ili propadne. To iznosi približno 1,3 milijarde tona, prema novom izvještaju UN-ove Organizacije za hranu i poljoprivredu (*U.N. Food and Agriculture Organization*). (...) Kao kad bi svaka osoba u Kini, najgušće napučenoj zemlji na svijetu, s više od 1,3 milijarde ljudi, imala jednu tonu hrane koju bi naprosto mogla baciti u kantu za smeće. (...) Raščlanimo li taj velik broj, otkrivamo da su ljudi s najviše novca oni koji najviše bacaju. (...) A ti brojevi pristižu baš nakon što smo nedavno izvijestili o prošlotjednom strelovitom poskupljenju hrane širom svijeta." „Potrebna je velika promjena mentalnog sklopa", zaključio je CNN-ov izvjestitelj Ramy Inocencio.

Doista, trebamo promijeniti mentalni sklop u neki koji podržava uzajamno jamstvo. Uz takav mentalni sklop nikakva se hrana neće bacati u smeće dok na svijetu ima ljudi koji odlaze u krevet gladni. U društvu uzajamnog jamstva bilo bi to isto kao da pustite da vaša vlastita obitelj umre od gladi dok se vi prežderavate do pretilosti.

Michel Camdessus, bivši čelnik Međunarodnog monetarnog fonda (MMF), koji je na tom položaju bio 13 godina, objašnjava vezu između stanja ekonomije, stanja okoliša i izostanka uzajamnog jamstva, koje smatra izvorištem obiju kriza. „To što se događa neka je vrsta etičkog, globalnog problema. Godinama smo puštali da sva razumna upozorenja (...) financijskim akterima da smanje financijske apetite, da mare za zajednicu, da mare za susjede – padaju u zaborav. Moramo ponovno uspostaviti nekakav globalni etički sustav, koji sada nedostaje. (...) Obje [financijska i ekološka kriza] imaju izvorište u prekomjernoj eksploataciji prirodnih resursa ili ekonomskih mehanizama. Sve to znači da svi mi moramo ponovno promisliti o vlastitim koncepcijskim modelima; svi moramo biti svjesni toga da ćemo u nadolazećim godinama imati više odgovornosti."[41]

Pa ipak, unatoč očiglednim ograničenjima Zemljinih resursa i sve obilnijim dokazima štete koju smo napravili, mi nastavljamo „musti" Majku Zemlju, bespotrebno zagađujući zrak, vodu i tlo, ostavljajući našoj djeci planet koji ih neće moći opskrbiti ni hranom ni energijom.

Steve Connor iz The Independenta intervjuirao je Fatiha Birola, vodećeg ekonomista Međunarodne agencije za energiju (IEA) na temu našeg neprestanog iscrpljivanja tih ograničenih izvora energije. Prema Connoru, „Dr. Birol je rekao da se čini kako javnost i mnoge vlade zanemaruju činjenicu da nafta, o kojoj ovisi suvremena civilizacija, ponestaje puno brže nego što se prije predviđalo, i kako je vjerojatno da će globalna proizvodnja doseći vrhunac za približno 10 godina – najmanje jedno desetljeće prije nego što je većina vlada bila procijenila."[42]

VRAĆANJE RAVNOTEŽE

„Do sada se čovjek suprotstavljao Prirodi; od sada će se suprotstavljati vlastitoj prirodi."[43]

Dennis Gabor, izumitelj holografije, dobitnik Nobelove nagrade za fiziku 1971. godine

Ravnoteža je ključni pojam u Prirodi. Ona je stanje u koje Priroda nastoji dovesti sve svoje elemente. Jedini razlog zašto se bilo koja tvar ili predmet pomiče ili mijenja njihovo je „nastojanje" da ponovo uspostave ravnotežu. To nastojanje dovodi do pojava kao što je vjetar, širenje topline u hladnija područja, tok vode prema nižem tlu i mnoge druge pojave. U živim organizmima stanje ravnoteže naziva se „homeostaza" (od grčkog *hómoios*, „sličan", i *stásis*, „mirovanje"). Websterov rječnik definira homeostazu kao „Relativno stabilno stanje ravnoteže ili tendencija prema takvu stanju između različitih, ali međusobno ovisnih elemenata ili skupina elemenata nekog organizma, populacije ili grupe."

Kao različiti, ali međusobno ovisni dijelovi Prirode, mi podliježemo zakonu ravnoteže, odnosno „homeostazi", i u našim tijelima i u cijeloj našoj populaciji, kao što to opisuje Websterov rječnik. Naime, čovječanstvo nije odvojena cjelina, već integralni dio Prirode. Zbog tog razloga podliježemo svim zakonitostima Prirode i u tijelima i u društvima.

Na ljudskoj razini „biti u homeostazi" znači proširiti svijest s usmjerenosti prema sebi na usmjerenost prema društvu, pa čak i na globalnu usmjerenost. Moramo imati više obzira prema drugima i prema našoj okolini, koji su u cijelosti dio sustava koji nas obuhvaća. Gore navedeni primjeri ilustriraju neke od posljedica koje bismo mogli pretrpjeti budemo li odlučili i nadalje zanemarivati povezanost između nas međusobno te između nas i Prirode.

POROĐAJNE BOLI

„Pozvani smo da se vinemo iznad uskih granica vlastitih individualnih interesa do širih interesa čitavog čovječanstva. Novi svijet je svijet geografskog zajedništva. To znači da ni jedan pojedinac niti nacija ne mogu živjeti sami. Svi moramo naučiti zajedno živjeti ili ćemo biti primorani zajedno umrijeti."

Martin Luther King Jr.[44]

Sad kad ljudski egoizam prijeti našoj egzistenciji, suočeni smo s dva izbora. Možemo dokono sjediti, pustiti Prirodu da ide svojim tokom i čekati da nam nevolje zakucaju na vrata prije nego što razmislimo o tome kako se nositi s njima. Ili možemo nešto poduzeti i preuzeti odgovornost za vlastitu budućnost. Ljudska rasa sada još može napredovati prema ravnoteži i skladu s Prirodom te prema održivom prosperitetu. Moramo samo primijeniti pristup uzajamnog jamstva, ostvarujući na taj način sklad s Prirodom.

Učinimo li tako, društvo koje ćemo sagraditi bit će održivo, napredno, sigurno i mirno – s obzirom na to da bi teško moglo biti rata između onih koji jedni drugima jamče dobrobit.

U sljedećem poglavlju raspravljat ćemo o praktičnim koracima koje možemo učiniti prema takvoj civilizaciji.

3

Praktičan način

„Veliki projekt 21. stoljeća - shvatiti da je čitavo čovječanstvo više od sume njegovih dijelova - tek započinje. Poput djeteta koje se budi, ljudski superorganizam postaje svjestan samog sebe, a to će nam svakako pomoći da postignemo svoje ciljeve."

N. Christakis i J. Fowler, *Povezani: Iznenađujuća moć društvenih mreža*[45]

U prethodnim poglavljima opisali smo veze koje cijeli svijet spajaju u jednu jedinu mrežu. Shvatili smo da je ta mreža prirodna tvorevina evolucije, koja se kreće od jednostavnog prema složenom, od separiranja prema integriranju. Ta povezanost ujedno znači da je uzajamno jamstvo formula putem koje se svi oblici života održavaju, te da čovječanstvo, ako želi biti održivo, treba primijeniti taj *modus operandi* na sebe.

Preostaje još jedino pitanje kako da to učinimo. Uistinu, kako da pojedinac ili društvo promijene mentalni sklop s marenja za sebe na marenje za sve? Drugim riječima: „Kako da prijeđemo iz modusa 'ja' u modus 'mi'?" K tomu, ta transformacija ne smije biti sporadična, već mora postati trajnim odmakom od trenda usmjerenosti na sebe, koji su Twenge i Campbell opisali u gore navedenoj knjizi *The Narcissism Epidemic*.

To možemo postići tako da promijenimo svoje društvene vrijednosti. Zagledamo li se duboko u razloge za vlastito ponašanje, otkrit ćemo da se prilično često ponašamo na određene načine kako bismo zadobili društveno odobravanje od onih koji nas okružuju. Poštovanje ljudi iz našeg društvenog okruženja daje nam samopouzdanje i polet, dok nas njegov izostanak boli, čini nesigurnim i posramljenim zbog toga što smo takvi kakvi smo. Zbog tog smo razloga, bilo to svjesno ili ne, skloni prilagođavati se društvenim pravilima ponašanja i vrijednostima.

Maria Konnikova, rječita spisateljica i psihologinja, pisala je o našoj potrebi da se prilagođavamo društvenim pravilima ponašanja na svom blogu na stranicama časopisa Scientific American: „Skloni smo se ponašati dosta drugačije onda kada očekujemo da nas netko promatra nego onda kada to ne očekujemo i veoma smo prijemčivi za prevladavajuće društvene običaje i norme... Kada odlučimo nešto učiniti, bi li nam trebalo biti bitno gleda li nas netko ili ne? Dok je u teoriji lako argumentirati da ne bi, da jednake norme ponašanja vrijede bez obzira na sve, u praksi obično jest. To se odnosi kako na manja kršenja pravila lijepog ponašanja (hoćete li kopati nos u javnosti? A što ako ste prilično sigurni da vas nitko ne gleda?), tako i na ona mnogo teža (hoćete li nekomu nauditi, bilo tjelesno ili na neki drugi način, ako drugi promatraju vašu interakciju? A što ako ste prilično sigurni da za to nedjelo nikad neće saznati nitko osim vas dvoje?)"[46]

Stoga ćemo, čim budemo promijenili vrijednosti društva tako da se uzajamno jamstvo i skrb jednih za druge nađu pri vrhu ljestvice, u skladu s time promijeniti i vlastite vrijednosti. Kada društvo bude cijenilo ljude prema njihovu doprinosu društvu, ljudi će poželjeti pridonositi društvu kako bi i sami bili cijenjeni. Kad bi se poštovanje i društveni ugled, koji se trenutačno daju zbog izvrsnosti u financijskom inženjeringu – s čijim se posljedicama još uvijek borimo – davali pojedincima koji su pridonijeli dobrobiti cijelog društva, bilo financijski ili u drugim oblicima vrijednosti, onda bi svi počeli pridonositi društvu na tako konstruktivan način.

PROMJENA JAVNOG DISKURSA

Utjecaj javnog mnijenja snažno su tijekom većine 2011. godine dokazivali globalni neredi, koji su prvo uzeli maha u arapskom svijetu i Europi, a nakon toga u cijelom svijetu, raspirivani putem društvenih medija, a potom i službenih te tradicionalnih medija. Potražite li na internetu koncept 1% nasuprot 99%, nećete pronaći gotovo ni spomena o njemu prije nego što je pokret *Occupy Wall Street* (OWS) započeo sa svojim prosvjedima 17. rujna 2011.

Drugo priznanje moći društvenog diskursa i javnog mnijenja da učine društvo boljim pojavilo se u vidu pisane izjave Svjetske banke pod naslovom „Moć javnog diskursa": „Koncept otvorenog razvoja [koji svima jamči jednake tržišne mogućnosti] pretpostavlja veliko povećanje količine informacija koje građanima stoje na raspolaganju. (...) Svrha svega toga [otvorenog razvoja] jest učiniti pomak u odnosu moći s institucija i vlada, čija je odgovornost da pružaju usluge i čine život boljim, na narod, kojem bi te usluge trebale koristiti. Tu moć učinkovito mogu primjenjivati male grupe građana koji zajedno rade na tome da identificiraju političare ili dobavljače usluga koji propuštaju pružati usluge za koje postoji raspoloživ novac, te da im se suprotstave. Budući da su korupcija i politički ili osobni interes duboko ukorijenjeni, nije vjerojatno da će se otvorenijim razvojem postići željeni učinci ako razni dijelovi javnosti ne uspiju, kolektivno i na miran način, izvršiti utjecaj javnosti."[47]

Djelotvornost utjecaja okoline znanstveno je dokazana prije više desetljeća. Godine 1951. psiholog Solomon Eliot Asch proveo je jednu od najglasovitijih studija tog predmeta. Ta se studija pročula pod imenom Aschev eksperiment s konformizmom. Asch bi u jednu prostoriju smjestio po jednog neupućenog ispitanika i sedam suučesnika te bi im dao zadatak uspoređivanja crta. Suučesnici bi se unaprijed dogovorili kakvi će biti njihovi odgovori kad budu dobili zadatke s crtama. Pravi ispitanik to nije znao i bio je uvjeren da su i drugih sedmero ispitanika također pravi ispitanici.

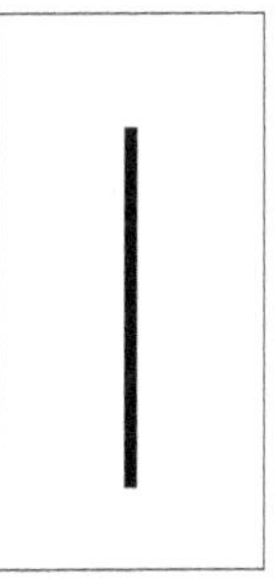

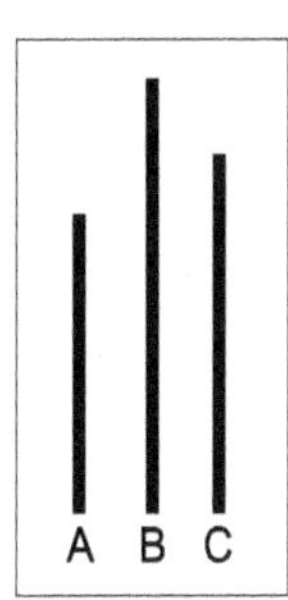

Svaka osoba u prostoriji morala je naglas reći koja je od crta za uspoređivanje (A, B ili C) najsličnija ciljanoj crti. Odgovor bi uvijek bio očigledan. Stvarni ispitanik sjedio bi na kraju reda i posljednji bi davao odgovor. Ukupno je bilo 18 pitanja, a lažni ispitanici dali bi pogrešne odgovore na 12 pitanja.

Rezultati: u prosjeku, oko jedne trećine (32%) ispitanika dovedenih u tu situaciju prilagodilo se i povelo za većinom, koja je očigledno bila u krivu. Na 18 pitanja, oko 75% ispitanika prilagodilo se najmanje jednom, a 25% ispitanika nije se prilagodilo niti jednom.

Zaključak: zašto su se ispitanici bili toliko spremni prilagoditi? Kad su nakon eksperimenta bili na razgovoru, većina ih je rekla da nisu uistinu vjerovali u svoje konformističke odgovore, ali da su se poveli za grupom zbog straha da će inače biti ismijani ili smatrani čudacima. Nekolicina ih je rekla da su uistinu vjerovali da su odgovori grupe točni.

Čini se da su ljudi povodljivi zbog dva glavna razloga: zato što se žele uklopiti u grupu (normativni utjecaj) i zato što smatraju da je grupa bolje obaviještena od njih samih (informacijski utjecaj).[48]

Jedna novija studija dokazuje prilično orvelijansku zamisao da utjecaj nečijeg društvenog okruženja može promijeniti čak i njegova sjećanja. Studija provedena na Znanstvenom institutu Weizmann testirala je do koje se mjere ljudska sjećanja mogu promijeniti putem društvene manipulacije. U objavi Weizmannova instituta stoji: „Novo istraživanje u Weizmannovu institutu pokazuje da je malo društvenog pritiska možda sve što je potrebno." Eksperiment se odvijao u četiri etape. Prvo su dobrovoljci gledali jedan film. Tri dana kasnije išli su na testiranje sjećanja, gdje su odgovarali na pitanja o filmu. Pritom ih se pitalo koliko su sigurni u svoje odgovore.

Zatim su bili pozvani da se ponovo podvrgnu tom testu dok ih se pritom skenira uređajem za funkcionalnu magnetsku rezonanciju (fMRI), koji prikazuje njihovu moždanu aktivnost. Ovaj put ispitanici su dobili i navodne odgovore ostalih iz svoje grupe gledatelja. Među njih su bili podmetnuti lažni odgovori na ona pitanja na koja su dobrovoljci prethodno odgovorili točno i samopouzdano. Nakon što bi ugledali te „podmetnute" odgovore, ispitanici bi se poveli za grupom, dajući netočne odgovore u gotovo 70% slučajeva.

No jesu li se naprosto povodili za društvenim zahtjevima, ili se njihovo sjećanje na film stvarno izmijenilo? Kako bi to ustanovili, istraživači su pozvali ispitanike da se opet podvrgnu testu sjećanja. U nekim slučajevima ispitanici bi se vratili izvornim, točnim odgovorima; međutim, gotovo polovica ih je ostala u zabludi, što implicira da su se ispitanici oslanjali na lažna sjećanja, usađena tijekom prethodne sesije.

Analizom podataka fMRI-ja pokazale su se razlike u moždanoj aktivnosti između trajnih lažnih sjećanja i privremenih pogrešaka zbog udovoljavanja društvu. Znanstvenici drže da postoji veza između dijela mozga zaduženog za društvo i dijela zaduženog za obradu sjećanja: „Njegov 'žig' možda je potreban (...) kako bi [sjećanjima] dao odobrenje prije nego što se učitaju u banku sjećanja. Stoga je moguće da društvena potkrepa djeluje na (...) naše mozgove, kako bismo neko snažno sjećanje zamijenili pogrešnim."[49]

> „Mnogi ljudi nisu čak ni svjesni svoje potrebe da budu konformni. Oni žive u iluziji da slijede vlastite ideje i namjere, da su individualisti, da su došli do svojih pogleda na osnovu vlastitog mišljenja – i da je to samo slučajno što su njihove ideje iste kao i ideje većine."
>
> Erich Fromm, Umijeće ljubavi[50]

Nakon što smo vidjeli kako društvo utječe na stavove ljudi, pozabavimo se tim pitanjem iz praktičnog, obrazovnog kuta. Utjecaj medija na naše stavove, čak i fizički utjecaj na naše mozgove, dokumentiran je i potvrđen više puta. Naslovi poput „Nasilne video igre i promjene u mozgu",[51] „Norveški prodajni lanac povukao nasilne igre nakon napada"[52] i „Masovno ubojstvo vatrenim oružjem u Njemačkoj navelo trgovinu da povuče igre za odrasle"[53] upućuju na to da su ljudi veoma svjesni štetnosti nasilnih i agresivnih medijskih sadržaja. Ipak, ma koliko mi toga bili svjesni, mediji ne samo što nam ustrajno pokazuju te štetne slike, nego čak i povećavaju njihovu učestalost i eksplicitnost.

Da bismo shvatili koliko nasilja apsorbiraju mladi umovi, razmislimo o ovom podatku, koji potječe iz jednog teksta Sustava zdravstvene zaštite Sveučilišta u Michiganu, pod naslovom „Televizija i djeca": „Prosječno američko dijete na televiziji će vidjeti 200 000 činova nasilja i 16 000 umorstava do svoje 18. godine."[54] Ako vam se taj broj ne čini zastrašujućim, uzmite u obzir da je osamnaest godina 6570 dana, što znači da će, u prosjeku, do osamnaeste godine, dijete na televiziji pogledati nešto više od trideset činova nasilja, od čega 2,4 umorstva, *svakoga dana svog mladog života*.

„Od nas se ne traži neutralnost, već prije jedinstvo, jedinstvo u zajedničkom jamstvu, uzajamnoj odgovornosti, reciprocitetu... To je cilj našega rada na obrazovanju mladih, a odraslih još i više."

Martin Buber, filozof i obrazovni radnik,
A Nation and A World: Essays on Current Events (*Nacija i svijet: Eseji o tekućim zbivanjima*)[55]

Da zaključimo, suvremena istraživanja dokazuju da „moje današnje okruženje sutrašnji sam ja". Naša nas okruženja izgrađuju kao ljudska bića, a s obzirom na to da smo mi plodovi svojih okruženja, svaku promjenu koju želimo provesti u sebi prvo trebaju apsorbirati naša okruženja. Stoga ćemo, kad izgradimo okruženje koje podržava vrijednost uzajamnog jamstva i smatra je pohvalnom, i sami tu vrijednost smatrati pohvalnom.

PROVEDBA: INTERNET I INTERPERSONALNA KOMUNIKACIJA

Najbrže i najočiglednije rješenje za postizanje tog pomaka u našim vrijednostima nalazi se u ključnim elementima koji danas oblikuju naše misaone uzorke – u medijima i internetu. Da bismo promijenili društveni mentalni sklop, moramo promijeniti diskurs u medijima. Kao što smo gore objasnili, kad bi nam mediji govorili da su davanje, dijeljenje i surađivanje dobri, onda bismo i mi tako mislili pa bismo ih rado u tomu slijedili.

No u današnjoj stvarnosti naš je ego prenapuhan, samoživost se nagrađuje, a manipulativne ljude pozitivno se naziva „prodornima". Gotovo da i ne čudi što u školama one koji nisu sebični i zli obično etiketiraju kao „dosadne" ili „bezvezne". Isto tako ne čudi, primjerice, što je uz toliki priljev društveno negativnih poruka nužno postavljati policajce u svaku osnovnu školu u Teksasu, ne zato da drže opasne odrasle osobe po strani, nego zato da drže opasnu *djecu* po strani, pa čak i da uhićuju neku od njih, u dobi od 6 godina! I to ne tek jedno ili dvoje, nego 300 000 djece samo tijekom 2010. godine i samo u toj jednoj državi.[56]

Zabava na televiziji ne mora se sastojati od opako nasilnih emisija ni od onih koje promiču samoživost. Posve je moguće proizvoditi zabavne, visoko kvalitetne TV emisije koje sadrže prodruštvene poruke. Istraživačko novinarstvo ne mora samo razotkrivati korupciju, može i pokazivati kako svi ovisimo jedni o drugima i kako samo zajedno možemo uspjeti. Mediji mogu upoznavati ljude sa zajednicama i inicijativama u kojima se takvi koncepti primjenjuju, kao primjerice u gradu Marinaleda u Španjolskoj, koji je predstavljen u inspirativnom članku novina The New York Times, „Posao i život bez hipoteke za sve stanovnike jednog španjolskog grada”.[57]

Mediji mogu raspravljati o tome do koje su mjere takva pregnuća uspješna, u kojoj nam mjeri i na koji način poboljšavaju život i koliko su takve inicijative primjenjive u različitim dijelovima svijeta.

Konačna je poanta da se javni diskurs treba promijeniti, a kad se promijeni, ljudi će promijeniti svoje stavove i mediji će promijeniti sadržaj kako bi odgovarao javnom diskursu. No ta promjena mora započeti svjesnim naporom, s obzirom na to da je trenutačni trend medija više antidruštveni nego prodruštveni.

Osim toga, danas društvena promjena ne mora započinjati od vrha, u najgledanijem terminu, u istaknutim televizijskim emisijama na najpopularnijim kanalima. Ona isto tako uspješno može biti pokret iz naroda, uz svega nekoliko entuzijasta koji se udruže da stvore društveni pokret koji će se promicati putem interneta. Upravo je tako započeo OWS.

Oblici društvenih medija poput Facebooka i YouTubea omogućuju svakome tko ima imalo volje i snalažljivosti da promiče koju god ideju želi – dobru ili lošu – i da raspiri dovoljno priče o njoj kako bi se stvorila kritična masa prodruštvenih ideja. Kao što ćemo vidjeti nešto niže, dovoljna je mala, odlučna manjina da postigne brzu, veliku i značajnu promjenu.

Osim raznih oblika medija, postoji i dobra stara cirkulacija ideja putem rekla-kazala. Ideje se najbolje šire jednostavnim razgovaranjem o njima – kod kuće, na poslu, s prijateljima, na internetskim forumima i putem društvenih mreža. Ako jednostavno kažete ljudima što smatrate ispravnim, navest ćete ih na razmišljanje.

„Ništa ne može nadmašiti proizvod koji je toliko zanimljiv da ljudi jednostavno ne mogu prestati razgovarati o njemu. Nema ništa bolje od kupaca koji se zalažu za podržavanje nekog poduzeća koje naprosto vole", piše marketinški konzultant Andy Sernovitz u svojoj knjizi *Word of Mouth Marketing: How Smart Companies Get People Talking, Revised Edition.* (*Usmeni marketing: kako pametna poduzeća navode ljude da razgovaraju, revidirano izdanje*)[58]

Postoji jedan još latentniji način širenja ideja. Nadaleko i naširoko mogu ih raširiti ljudi kad jednostavno razmišljaju o nekim stvarima ili ih žele. Dana 10. rujna 2009, The New York Times objavio je članak pod naslovom: „Čine li vas vaši prijatelji debelim?" autora Clivea Thompsona.[59] Thompson u članku opisuje fascinantan eksperiment proveden u Framinghamu u Massachusettsu. U eksperimentu su periodično dokumentirane i evidentirane pojedinosti iz života 15 000 ljudi tijekom pedeset godina. Profesori Nicholas Christakis i James Fowler analizirali su rezultate i došli do zapanjujućih otkrića o tome kako djelujemo jedni na druge na svim razinama – tjelesnoj, emocionalnoj i mentalnoj – i o tome kako ideje mogu biti zarazne baš poput virusa.

U svojoj slavnoj knjizi *Povezani: Iznenađujuća moć društvenih mreža i kako one utječu na naše živote – kako prijatelji prijatelja vaših prijatelja utječu na sve što osjećate, mislite i činite*, Christakis i Fowler ustanovili su da postoji mreža međusobnih odnosa između više od 5000 sudionika. Christakis i Fowler otkrili su da u toj mreži ljudi djeluju i utječu jedni na druge ne samo u društvenim pitanjima, već i u tjelesnim.

„Analizirajući podatke iz Framinghama", napisao je Thompson, „Christakis i Fowler kažu da su prvi put pronašli čvrstu osnovu za potencijalno jaku teoriju u epidemiologiji: da se dobra ponašanja – poput prestajanja pušenja ili ostajanja vitkim ili bivanja sretnim – prenose s prijatelja na prijatelja gotovo kao da se radi o zaraznim virusima. Sudeći prema tim podacima, sudionici iz Framinghama međusobno su utjecali jedni drugima na zdravlje putem običnog druženja. Isto je vrijedilo i za loša ponašanja – skupine prijatelja kao da su 'inficirale' jedne druge pretilošću, nesrećom i pušenjem. Izgleda da se očuvanje zdravlja ne svodi samo na gene i način prehrane. Dobro zdravlje jednim je dijelom jednostavno posljedica vaše bliskosti s drugim zdravim ljudima."[60]

Još više iznenađuje otkriće tih istraživača da dotične zaraze mogu „preskakivati" karike. Otkrili su da ljudi mogu utjecati jedni na druge čak i ako se ne poznaju! Štoviše, Christakis i Fowler pronašli su dokaze tih učinaka u razmaku od čak tri stupnja (prijatelj prijateljeva prijatelja). Thompsonovim riječima: „Kad bi neki stanovnik Framinghama postao pretio, njegovi prijatelji imali bi 57% veće izglede da i sami postanu pretili. Još je čudnije... što se čini da to preskače karike. Stanovnik Framinghama imao je približno 20% veće izglede da postane pretio kad bi prijatelj nekog njegova prijatelja postao pretio – čak i ako onaj prijatelj koji ih povezuje ne bi dobio ni pola kilograma. Rizik neke osobe da postane pretila povisio bi se za približno 10 posto čak i kad bi prijatelj prijateljeva prijatelja dobio na težini."[61]

Citirajući profesora Christakisa, Thompson je napisao: „U određenom smislu možemo početi shvaćati ljudske emocije, poput sreće, onako kako bismo proučavali stampedo bizona. Nećete upitati bizona: 'Zašto trčiš nalijevo?' Odgovor glasi da čitavo krdo trči nalijevo."[62]

No društvena zaraza više je od pukog obraćanja pozornosti na svoju težinu ili stanje srca. U jednom televizijskom predavanju profesor Christakis objasnio je da naš društveni život (pa dakle i velik dio našeg fizičkog života, sudeći prema prijašnjim odlomcima) ovisi o kvaliteti i snazi naše društvene mreže i onome što teče po žilama te mreže. Njegovim riječima: „Mi stvaramo društvene mreže zato što prednosti povezanog života nadmašuju njegove mane. Kad bih ja uvijek bio nasilan prema vama (...) ili vas rastuživao, (...) vi biste prekinuli svoje veze sa mnom i mreža bi se raspala.

Dakle, širenje dobrih i vrijednih stvari potrebno je da bi se društvene mreže održale i njegovale. Na sličan način, društvene su mreže potrebne za širenje dobrih i vrijednih stvari, poput ljubavi, ljubaznosti, sreće, altruizma i ideja... Mislim da su društvene mreže u osnovi povezane s dobrotom i mislim da je svijetu sada potrebno više povezanosti."[63]

INFORMACIJE, SVIJEST I ISCJELJIVANJE

Osim razmišljanja o vrijednosti uzajamnog jamstva, čime mu povećavamo „popularnost", trebamo razmišljati i o tome kako da ga proširimo putem djelovanja. Jedna od mogućnosti jest okupiti mnogo stručnjaka poput Christakisa, Fowlera i drugih u zajedničku krovnu organizaciju koja će te ideje širiti putem obrazovnog sustava, medija i popularnih načina zabave.

Načine na koje će se te ideje izražavati trebalo bi prepustiti profesionalcima u svakom polju, baš kao što glazbenici i filmski stvaratelji danas izražavaju svoje ideje. Svaka osoba konzumira drugačije vrste medija, zabave i informacija. Ljudi već znaju što vole gledati i čitati te kamo vole odlaziti. Neki ljudi vole gledati televiziju kod kuće, neki u teretani, a neki u kafiću. Neki uopće ne vole televiziju, ali konzumiraju informacije i zabavu putem interneta. Sve to može ostati isto, ali ono što se treba *postupno* promijeniti jest vrsta sadržaja koju ti mediji nude.

Trenutačno nam donose obilje informacija, većinu kojih nismo ni svjesni da konzumiramo. Naprosto uživamo u njihovu čitanju ili gledanju, ne razmišljajući previše o tomu. U medijima se međutim nalaze ljudi poput marketinških stručnjaka, koji vješto usađuju svoje ideje u naše umove – kao recimo, da je ovo poduzeće bolje od onog, ili da bez najnovije spravice na tržištu naš život neće biti vrijedan toga da ga nazovemo „životom". Premda su te ideje pogrešne, one ulaze u naše umove i pomućuju nam misli sve dok si ne olakšamo dušu kupnjom reklamiranog predmeta.

Sad razmislite što bi se dogodilo kad bi nam se u umove usadila ideja da smo svi međusobno povezani i da je nanošenje zla drugima isto kao nanošenje zla sebi. Kako bi bilo kad bi se svijet držao mota „Ako niste dobri, ne valjate"?

No ne moraju se promijeniti samo mediji. Kad bi se u školama predavao predmet „Povezanost", kad biste mogli diplomirati na „praksi međusobne povezanosti" ili podučavati pojedince i zaposlenike poduzeća „prodruštvenom *networkingu*", pojavila bi se potpuno nova društvena atmosfera, nova moda povezanosti. U nekoliko mjeseci ljudi bi počeli osjećati da postoji stvarna alternativa usmjerenosti na sebe – alternativa koja nudi veću vrijednost po manjoj cijeni.

Sve bi se promijenilo. Umjesto da zapovijedamo ljudima oko sebe, razmjena ideja bila bi način na koji bismo se povezivali sa suradnicima i školskim kolegama. Pojedinačni ispiti u školama i na sveučilištima postali bi zastarjeli jer vještine neke osobe ne bi ovisile o tome u kojoj mjeri netko može pamtiti odgovore. Umjesto toga, vrijednost osobe odražavala bi se u tome do koje je mjere ona *povezana*, do kojeg je stupnja razvila informacijske kanale. U takvoj situaciji pojedinačni ispit bio bi irelevantan; grupni zadatak bio bi puno prikladniji način ocjenjivanja.

Uz promjene na poslu ili u školi, transformirat će se i naš društveni život. Kad je povezanost ključ čovjekova uspjeha i sreće, onda čovjek njeguje društvene veze. Društvene se veze ne stvaraju samo na poslu, nego u velikoj mjeri i tijekom našeg „slobodnog" vremena. Stoga bi izlasci, druženja, igre i diskutiranja postali puno popularniji jer ne bi imali samo rekreativnu vrijednost, već bi ih se smatralo doprinosom *čitavom* nečijem životu.

I na poslu bi ozračje bilo puno društvenije jer bi socijalizacija bila način za osobno i profesionalno napredovanje. Štoviše, razumijevanje naše međuovisnosti i važnosti pozitivnih društvenih veza umanjilo bi učestalost nepoštena i nepravedna ponašanja na poslu. Kao što je Christakis rekao u svom gore navedenom predavanju: „Kad bih ja uvijek bio nasilan prema vama (...) ili vas rastuživao, (...) vi biste prekinuli svoje veze sa mnom i mreža bi se raspala." To bi bilo kontraproduktivno za osobno i profesionalno napredovanje.

Temeljni je koncept jednostavan: svi smo međusobno povezani, pa stoga i međuovisni. Dakle, svoje probleme moramo rješavati u duhu uzajamnog jamstva, u kojem smo svi jedni drugima jamci dobrobiti.

Kad bi, primjerice, neko poslovno društvo odlučilo da treba poboljšati svoje učinke i prilagoditi ih globaliziranom svijetu, potražilo bi instruktora uzajamnog jamstva da mu uvježba osoblje (i poslodavce i posloprimce jednako) da rade i razmišljaju „kao društvo" u međusobno povezanom svijetu. Rezultati bi bili poboljšane interpersonalne veze, bolji protok informacija kroz društvo, veći stupanj povjerenja na svim razinama i temeljitije preispitivanje u svakoj fazi osmišljavanja i proizvodnje proizvoda, što bi onda stvorilo bolje proizvode i poboljšalo odnose s kupcima.

POSAO I OBUKA

> „Znanost možda nikad neće uspjeti smisliti bolji uredski komunikacijski sustav od pauze za kavu".
>
> Pripisano Earlu Wilsonu

Potreba za kultiviranjem novih veza u ljudskom društvu pomoći će nam da se nosimo sa sve većim problemom globalne nezaposlenosti. Čelnici Organizacije za ekonomsku suradnju i razvoj (*Organization for Economic Co-operation and Development*, OECD) i Međunarodne organizacije rada (*International Labor Organization*, ILO) nedavno su izjavili: „Ukupni broj nezaposlenih i dalje je približno 200 milijuna na cijelom svijetu, blizu vrhunca zabilježenog u najvećoj dubini Velike recesije".[64] Čak i u zemljama G20, nastavlja se upozorenje, „U analizi se (...) izražava zabrinutost da bi nezaposlenost mogla (...) rasti (...) do kraja 2012. godine, dovodeći do manjka od 40 milijuna poslova u zemljama G20 sljedeće godine [2012] i još puno većeg manjka do 2015."

Prema novinama The Huffington Post, „U prvom kvartalu ove godine [2011] stopa nezaposlenosti u Španjolskoj oštro se uzdigla do novog vrhunca u eurozoni, od 21,3%, uz rekordnih 4,9 milijuna ljudi koji su ostali bez posla",[65] a US Bureau of Labor Statistics (Zavod za statistiku rada SAD-a) izvijestio je da trenutačna stopa nezaposlenosti u SAD-u iznosi 8,6, uz 13,3 milijuna ljudi bez posla.[66]

Međutim, najviše uznemiruje i najviše društvene nestabilnosti stvara stopa nezaposlenosti mladih u eurozoni, osobito u Španjolskoj i Grčkoj, ali i u SAD-u. U članku Felixa Salmona za Reuters od 22. prosinca 2011 piše: „Španjolska i Grčka imaju gotovo nezamislivu nezaposlenost mladih, koja se primiče 50%, ali i Irska (...) je vidjela kako nezaposlenost mladih probija plafon nakon početka krize, popevši se s manje od 10% na više od 30%."[67]

U pogledu SAD-a, priča se nastavlja: „Ovdje valja uočiti ne samo apsolutnu razinu – nezaposlenost mladih sada iznosi 18,1%, a u Afroamerikanaca 31% – nego i oštar skok [s malo više od 10 u 2007. godini na malo više od 18 u 2010]".

Ne govoreći to izričito, taj članak daje sumornu usporedbu čije je značenje kristalno jasno: „SAD se nalazi u posve istoj situaciji kao razine koje smo vidjeli na Bliskom Istoku, a koje su dovele do Arapskog proljeća. Niže smo od Egipta i Tunisa, ali više od Maroka i Sirije."

Mladi obrazovani ljudi smatraju da su potrošili svoje najbolje godine i uložili svoje najbolje resurse (ili resurse svojih roditelja) kako bi postali kvalificirani za svijet koji više ne postoji. Ta tvrdnja nije samo intuicija. U svojoj knjizi *The Brave New World of Work* (*Vrli novi svijet rada*), profesor Ulrich Beck, jedan od vodećih europskih sociologa, objašnjava: „Društvo rada bliži se kraju jer pametne tehnologije protjeruju sve više ljudi. Ljudima koncem 21. stoljeća današnje borbe za zaposlenje izgledat će kao prepirke oko ležaljki na palubi Titanica. 'Posao za cijeli život' je nestao, (...) a svi plaćeni poslovi podliježu prijetnji zamjene."[68]

Htjeli mi to ili ne, kriza će dovesti do smanjenja redundantnih industrija i priznavanja činjenice da većina svjetske populacije naprosto nije potrebna na tržištu rada. Ipak, ne budu li ljudi radili sada i ne budu li radili ubuduće, što bi trebali raditi? Kako će živjeti? A ako njihove potrebe bude zbrinjavala vlada ili neka druga agencija, neće li ih cjelodnevna dokolica uništiti mentalno i emocionalno? To bi mogla biti eksplozivna situacija za ljudsko društvo, konstantan uzrok nemira, nereda i zločina.

Rješenje za ljudsku dokolicu bit će da se ljude pošalje natrag u školu. Međutim, to neće biti srednja škola ispočetka, pa čak ni bilo kakva vrsta obrazovanja za odrasle koju poznajemo. Bit će to „Škola globalizacije za građanine međusobno povezanog svijeta". Učenje u toj školi neće se plaćati. Naprotiv, škola će svojim polaznicima davati stipendije, baš kao što sveučilišni studenti primaju subvencije i stipendije. Država će te subvencije financirati sredstvima koje će uštedjeti rezovima radne snage u državnoj službi, s obzirom na to da naknade za nezaposlenost državu koštaju manje nego da održava ljude zaposlenima u skrivenoj nezaposlenosti.

Usto, sve veća svijest o našoj međusobnoj povezanosti stvorit će ozračje u kojem će „imućnima" biti lakše podijeliti štogod od onoga što imaju sa „siromašnima". Također su izvjesne određene prilagodbe oporezivanja, pa makar jednostavno u vidu ubiranja stvarnih poreza, umjesto da ih bogati izbjegavaju putem sofisticiranog računovodstva. I opet, te se promjene moraju dogoditi *dragovoljno*, nakon što velika većina u društvu uvidi našu međusobnu povezanost i međuovisnost te *poželi* živjeti u skladu s time.

Dijeljenje ne mora biti novčano: može biti u vidu povoljnog iznajmljivanja kuća, smanjivanja profitnih marži na živežnim namirnicama da se pomogne manje imućnima, te se sastojati od mnogih drugih načina na koje se može pružiti podrška društvu.

Razlog zbog kojeg će se plaćanje za sudjelovanje u Školi globalizacije smatrati subvencijom a ne naknadom za nezaposlenost jest taj da naknade za nezaposlenost znaju imati negativno društveno obilježje, dok sa subvencijama nije tako. Veoma je važno da se polaznici te nove škole osjećaju samopouzdano, pa čak i ponosno što su tamo. Tako će biti mnogo prijemčiviji za materijale koji se podučavaju.

U Školi globalizacije ljudi će učiti kako da se uklope u svijet koji je postao međusobno povezan, u kojem su ovisni o drugima u pogledu sredstava za život. Učit će o tijeku evolucije, o kojem je bilo riječi ranije u ovoj knjizi, o potrebi da se ljudsko društvo uskladi s tim tijekom, o prednostima tog usklađivanja i o škodljivosti njegova odlaganja. Ljudi će učiti o vrijednosti komunikacije i stjecati konkretne vještine, poput kućne ekonomije i interpersonalne komunikacije, te ostala znanja potrebna za vremena brzih promjena.

Budući da će ljudi imati puno više slobodnog vremena, moći će ga rabiti za učenje novih vještina. Te će se vještine podučavati u toj školi, no bit će korisne i izvan nje jer će davati ljudima više mogućnosti kad budu tražili posao – poput prilika za druženje s novim ljudima, ili pak otvaranja novih pristupa za pridonošenje društvu. Svaka uistinu vrijedna vještina, bila ona poljodjelstvo ili računalno programiranje, bit će korisna u budućnosti baš kao što je i danas. Budući da ljudima život neće ovisiti o tome koliko su sposobni prodati svoje proizvode, usredotočit će se na razvijanje onoga što je uistinu potrebno i korisno. Ručno će proizvoditi stvari načinjene da traju, umjesto proizvoda koji zastarijevaju planski, osmišljenih tako da primoraju ljude da troše više nego što bi trebali ili željeli.

Ljudi će tako imati više vremena za druženje. I dalje će pohađati školu ili odlaziti na posao, ali imat će puno više slobodnog vremena nego danas, pa će ga provoditi u druženju, kao što smo rekli ranije u ovom poglavlju. Druženje neće biti samo sebi svrha, već način za obogaćivanje, pomoć pri učenju, prilika da se steknu uvidi u nova područja znanja, nove dubine razmišljanja, ili pak da se naprosto poveća osobno samopouzdanje putem stjecanja novih prijatelja (stvarnih prijatelja, ne prijatelja s Facebooka).

Gledajući prema naprijed, život će za nekoliko godina biti puno drugačiji. Danas su ljudi u tolikom stresu da jedva stižu disati. Živimo u konstantnoj bezglavoj utrci u kotaču koji se vječito okreće i ubrzava. No kad se industrija smanji i kad nećemo morati raditi tolike sate, imat ćemo više vremena za kultiviranje vlastitih interesa i društvenih veza. Tada ćemo iskusiti pravi rast i rast sreće.

U svojoj kolumni za The New York Times „The Earth is Full" („Zemlja je puna"),[69] Thomas Friedman, autor knjige *Svijet je ravna ploča: globalizirani svijet u 21. stoljeću*, raspravlja o knjizi Paula Gildinga, *The Great Disruption: Why the Climate Crisis Will Bring On the End of Shopping and the Birth of a New World* (*Veliki razdor: zašto će klimatska kriza donijeti kraj kupnje i rođenje novog svijeta*). Friedman citira Gildinga: „Ako posiječete više stabala nego što ih posadite, onda ostanete bez stabala." Kad osjetimo udarac neumitnog Velikog razdora, piše Gilding, „Naša će reakcija biti proporcionalno dramatična, mobilizirat ćemo se kao što to činimo u ratu. Promijenit ćemo se toliko jako i toliko brzo da to danas jedva možemo zamisliti, potpuno ćemo promijeniti ekonomiju, uključujući industrije energije i transporta, u svega nekoliko kratkih desetljeća."

Friedman objašnjava da ćemo, prema Gildingu, uvidjeti da je model koji pokreće konzumerizam pokvaren i da moramo prijeći na model rasta više potaknutog srećom, utemeljenog na tome da ljudi rade manje i posjeduju manje. „Koliki ljudi", pita Gilding, „leže na samrtničkoj postelji i govore: 'Da sam barem više radio ili postigao veću vrijednost dionica', a koliki govore: 'Da sam barem išao na više utakmica, čitao više knjiga klincima, više šetao'? Da biste to mogli, treba vam model rasta koji se temelji na tomu da ljudi imaju više vremena za uživanje u životu, ali s manje stvari."

NAČELA OBRAZOVANJA

„Popraviti svijet znači popraviti obrazovanje."[70]

Janusz Korczak, obrazovni radnik

Do sada smo govorili o društvu odraslih općenito i obrazovanju odraslih konkretno. Međutim, dugoročno gledano, naša budućnost ovisi o tomu kako ćemo obrazovati djecu, a ne sebe. Stoga bi bilo primjereno predstaviti neke od temeljnih postavki obrazovanja djece u novome svijetu.

Prva i najvažnija jest škola. Svrha škole u novome svijetu nije samo u usvajanju znanja zato da bi dijete prošlo na testu. Škola bi zapravo trebala odgajati djecu za to da budu ljudi ili, još bolje, *humani*. Djecu bi trebalo obrazovati o svijetu u kakvom će živjeti kad budu postali odrasli. Trebalo bi im dati sredstva da postanu povezane i komunikativne osobe kakvima nastojimo naučiti odrasle da budu, da budu sposobna stvarati iskrene i trajne odnose uzajamnog jamstva.

To će se postići stvaranjem prodruštvenog okruženja u školi i – što je jako važno – proškolskog okruženja kod kuće. Umjesto da ih se uči kako biti najbolji u razredu, djecu treba podučavati kako graditi društvo u kojem su sva djeca međusobno povezana, u kojem vlada ozračje prijateljstva i jednakosti. Primjerice, mogu početi od toga da sjede u krugu umjesto u redovima, u odvojenim klupama. Može ih se podučavati kroz igre u kojima se vidi koliko snage i osjećaja pripadanja pruža takav oblik učenja.

Koncept društvenog učenja umjesto individualnog učenja nije teoretska zamisao. Iskušan je mnogo puta, uvijek uspješno, pa se čovjek mora zapitati kako smo mogli toliko dugo zanemarivati njegove očigledne prednosti.

U eseju pod naslovom "An Educational Psychology Success Story: Social Interdependence Theory and Cooperative Learning" („Priča o uspjehu psihologije obrazovanja: teorija društvene međuovisnosti i kooperativno učenje"), profesori sa Sveučilišta u Minnesoti, David W. Johnson i Roger T. Johnson, iznose snažne dokaze u prilog teorije „društvene međuovisnosti". Njihovim riječima: „U proteklih 11 desetljeća provedeno je više od 1200 istraživačkih studija o kooperativnim, kompetitivnim i individualističkim pregnućima."[71]

Johnson i Johnson usporedili su učinkovitost kooperativnog učenja s uobičajenim individualnim, kompetitivnim učenjem. Rezultati su bili nedvosmisleni. U pogledu individualne savjesnosti i osobne odgovornosti, zaključili su: „Pozitivna međuovisnost koja povezuje članove grupe pospješuje stvaranje osjećaja odgovornosti prema (a) dovršavanju osobnog dijela posla i (b) olakšavanju rada ostalih članova grupe. Nadalje, kad djelovanje jedne osobe utječe na rezultate suradnika, onda se ta osoba osjeća odgovornom za dobrobit suradnika baš kao i za vlastitu. Loše je iznevjeriti sebe, ali još je gore pritom iznevjeriti i druge."[72]

Drugim riječima, pozitivna međuovisnost pretvara individualiste u ljude koji kojima je stalo i koji surađuju, što je potpuna suprotnost trenutačnom trendu, u kojem prekomjerni individualizam seže do razine narcizma.

Da bi demonstrirali prednosti suradnje, istraživači su izmjerili postignuća učenika koji su surađivali i usporedili ih s onima koji su se natjecali. „Otkriveno je da prosječna osoba koja surađuje postiže približno dvije trećine standardnog odstupanja više od prosječne osobe koja djeluje u kompetitivnoj ili individualističkoj situaciji".[73]

Da biste shvatili smisao tog odstupanja iznad prosjeka, razmislite o tomu da će dijete čiji je prosjek ocjena 2 putem surađivanja skočiti do zapanjujućeg prosjeka od 5+. Osim toga, napisali su: „U usporedbi s kompetitivnim i individualističkim radom, suradnja obično pospješuje dugoročno pamćenje, veću unutarnju motivaciju i očekivanje uspjeha, više kreativnog razmišljanja... i pozitivnije stavove prema zadatku i školi."[74]

U učenju na osnovi suradnje uloga učitelja nije da diktira materijal, nego da, prije svega, vodi djecu. Ona bi trebala učitelja doživljavati kao odraslog prijatelja i kao osobu koja ima znanje. Učitelji i učenici trebali bi sjediti zajedno u krugu, na istoj visini, i razgovarati ravnopravno. Superiornost i kontrola ovdje se zamjenjuju suptilnim vodstvom, kako bi se djeci pomoglo da sama otkrivaju stvari putem diskutiranja ili grupnog rada.

Djeca uče diskutirati, iznositi stavove i raspravljati a da pritom i dalje poštuju jedna drugu zbog osobnih odlika i jedinstvenosti. Time se svakome od njih omogućuje da slobodno izrazi vlastite misli i uvidi posebne osobine svakog učenika. Na taj način djeca će proširiti poglede na svijet te upiti nove ideje i perspektive.

Ponavljanjem tog načina učenja, djeca uče cijeniti povezanost između sebe kao svoj najvažniji imetak, s obzirom na to da im ona daje sve znanje i moć koje posjeduju. Počinju uživati u tome da uspijevaju samo zajedno s drugima, a vrijednost svake osobe ne mjeri se individualnom izvrsnošću, već pridonošenjem nečije izvrsnosti uspjehu grupe.

Učeničke grupe bit će relativno male, a svakoj će se grupi pridružiti jedno ili dvoje djece koja su dvije do tri godine starija. Ta starija djeca služit će kao instruktori. Zbog prirodne dječje sklonosti prema oponašanju starije djece, ta djeca-instruktori zapravo će biti najbolji učitelji jer će ih učenici prirodno nastojati imitirati. Starija djeca koja podučavaju također će moći mnogo dobiti – dublje razumijevanje materijala, dublje razumijevanje sebe i priliku da pridonesu društvu i steknu njegovo odobravanje.

Discipliniranju djece pristupat će se puno drugačije nego u današnjim školama. Kad dođe do slučaja lošeg vladanja, djeca će sama, zajedno s odraslima i sa stručnjacima, odlučivati kako riješiti situaciju. Djecu se mora naučiti konstruktivnom kritičkom razmišljanju, a analize trenutaka malih kriza sjajne su prilike za podučavanje takvog razmišljanja. Ako se neko dijete loše vlada, razred će se okupiti i raspraviti što treba poduzeti u vezi s time i kako postići da se to ne ponovi.

Ta rasprava neće biti teoretski proces. Zapravo, djeca (ne ona o kojoj se razgovara) će simulirati situaciju i reći razredu kako su se osjećala, što ih je potaklo na takvo ponašanje i tako dalje. Zatim će imati grupnu diskusiju u kojoj će sudjelovati sva djeca, tako da će u trenutku kada donesu odluku sva djeca uistinu „imati iskustvo" kako je biti na svim stranama u dotičnom incidentu. Tako mogu donijeti odluku na puno pravedniji, a opet suosjećajan način, s puno razumijevanja.

Takvim raspravama djecu se uči da o problemima razmišljaju iz različitih kutova i da shvate kako je u redu, pa i prirodno, imati različite poglede na istu stvar. Pored toga, ponavljanjem takvih simulacija i preispitivanja ideja iz različitih gledišta djeca će naučiti očekivati da se predomišljaju, kaju, priznaju pogreške i daju za pravo stajalištima prijatelja prije nego vlastitima.

Najmanje jednom tjedno djeca će ići na terensku nastavu i izlete da lakše „izbliza" upoznaju svijet u kojem žive. Preporučeni izleti bili bi na mjesta koja ona obično ne bi otišla vidjeti i proučiti, poput banaka, policijskih stanica, raznih muzeja, tvornica i sudova.

Svakom takvom izletu prethodit će objašnjenja mjesta koje će posjetiti, o tomu što ondje mogu očekivati, što već znaju o tom mjestu, kakva je njegova uloga u njihovim životima i koliko dobro ono tu ulogu obavlja, kako pridonosi društvu, kakvi ljudi ondje rade i kakvu vrstu obuke i obrazovanja čovjek treba da bi ondje radio. Nakon obilaska djeca će razgovarati i razmjenjivati iskustva i doživljaje s izleta, obogaćujući tako jedna druge svojim spoznajama.

Tim obilascima i izletima djeca će upoznati svijet na puno osobniji način nego ako ga samo gledaju na televiziji, gdje bi na njih utjecala perspektiva koju im redatelj želi pokazati. Katkada, kao što je to slučaj s muzejima, djeca o tim mjestima ne bi znala ništa da nije škole. Osim što će nešto naučiti o mjestu koje su posjetila, djeca će iz prve ruke moći osjetiti mrežu koja povezuje ljudsko društvo zahvaljujući tome što upoznaju elemente koji utječu na njihov život.

Naučit će da je svijet integriran i povezan, i to putem „direktnih" iskustava, jednostavnog pokazivanja različitih mjesta, njihovih funkcija u našem životu i njihove povezanosti s drugim mjestima koja utječu na naš život. Te su informacije ključne za samopouzdanje djeteta i njegovu pripremu za život nakon škole.

Još jedno važno nastavno pomagalo jest video kamera. Preporučuje se da se sva predavanja – koje nisu „predavanja" nego rasprave i grupni rad – dokumentiraju na videosnimkama. Djeca se brzo naviknu na prisutnost kamere i ponašat će se prirodno. To će im omogućiti da se vide sa strane kad se budu prikazivali događaji kojima treba posvetiti osobitu pozornost. Gledanjem videosnimke neke situacije moći će bolje analizirati kako su funkcionirala kao grupa, kako su se nosila s preprekama i kako su se ophodila jedna prema drugima. U skladu s time moći će prosuditi sama sebe i svoje odnose s drugima, te vidjeti u čemu su uspješna a što trebaju popraviti.[75]

ZAJEDNIČKO USTRAJANJE U PROMJENI

„Mi nipošto nismo stranci i povezuje nas zajednička sudbina. A ova nemirna vremena moraju nas povezati još bliskije."

Christine Lagarde, čelnica, Međunarodni monetarni fond[76]

Sve te promjene koje smo do sada opisali, i u društvu odraslih i u društvu djece, stvorit će novo ozračje oko nas. Kao što smo vidjeli, te će nam promjene utjecati na sve dijelove života – rad, obitelj, prijatelje, školu, pravosudni sustav, medije, interpersonalne odnose, međunarodne odnose, trgovačke odnose i tako dalje.

Zanimljivo je što za pokretanje te transformacije nije potrebno čitavo društvo, već relativno malen broj ljudi. Znanstvenici s prestižnog Politehničkog instituta Rensselaer (Rensselaer Polytechnic Institut - RPI) otkrili su da već kad svega 10 posto populacije dijeli neki nazor ili uvjerenje, ostatak ga društva prihvati. Matematički modeli pokazuju iznenadan skok u prihvaćanju: ispod 10 posto učinak je jedva primjetan, ali nakon što se jednom prijeđe prag od 10 posto, to se stajalište proširi poput šumskog požara.[77]

Uzevši u obzir da internet općenito, a društvene mreže pogotovo, omogućuju brzo širenje ideja, dovoljno je da počnemo govoriti o potrebi za povezivanjem koje nadilazi sve razlike, zbog budućnosti sviju nas, te da s tom zamisli upoznamo što je moguće više ljudi. Znanstvenici s RPI-a naveli su Tunis i Egipat kao primjere za taj proces, rekavši: „U tim su zemljama diktatori koji su desetljećima bili na vlasti iznenada zbačeni u samo nekoliko tjedana."

Kad razmislite o tomu, vjerojatno postoji puno više od 10 posto ljudi koji žele imati sigurniji, prijateljskiji svijet od ovoga koji imamo sada, pa su izgledi da se za to pridobije 10 posto populacije, što bi pokrenulo pomak, puno veći nego što se na prvi pogled možda čine.

BORBA ZA ŽIVOT

Uzajamno jamstvo je poput sfere koja raste povezujući suprotnosti. Istina, razlikujemo se na sve načine – po mislima, po navikama, po karakterima i po tijelima. No istovremeno razumijemo da stvarnost nalaže da se ujedinimo i radimo zajedno. Društvo koje odašilje poruku da je uzajamno jamstvo temeljna zakonitost života navest će nas ne samo na to da taj koncept shvatimo umom, nego i na to da ga nastojimo primjenjivati u svakodnevnom životu. Baš kao što dobra reklama stvara toliko priče oko nekog novog proizvoda ili usluge da se osjećamo primorani da ih kupimo, stvaranje priče oko koncepta uzajamnog jamstva navest će nas na to da osjetimo da ga naprosto moramo imati, da moramo osjetiti kako je živjeti na takav način.

Sistematsko i dosljedno stvaranje društva koje razmišlja globalno potaknut će svakoga od nas na to da percipira svijet inkluzivno. Umjesto da stvarnost vidimo kao „ja" i „oni", počet ćemo je vidjeti kao „mi" ili „svi mi". Prijeći ćemo sa želje za osobnim zadovoljenjem na želju za zadovoljenjem naroda općenito. Naša točka gledišta proširit će se s osobnog na skupno, a u nama će se probuditi nove spoznaje.

„Višestrukost je samo prividna. Zapravo postoji jedan jedini um."

Erwin Schrödinger, fizičar, jedan od utemeljitelja kvantne mehanike[78]

4

DRUŠTVENA PRAVDA

„Zapad je pred izazovom da ne stvara samo rast, već inkluzivan rast, koji, što je najbitnije, podrazumijeva veću društvenu pravdu."

Mohamed A. El-Erian, glavni izvršni direktor PIMCO-a i autor knjige Sukob tržišta: strategije ulaganja u vrijeme ekonomskih promjena[79]

Globalni društveni nemir 2011. godine donio je ozbiljan izazov. S jedne strane razumljiv je zahtjev da svi imaju pristojan životni standard. S druge strane vlade ne mogu probijati proračune ako trebaju održavati funkcionalne ekonomije. U vrijeme kada je virtualno čitav svijest u dubokoj ekonomskoj krizi čiji se kraj nigdje ne nazire, kada su mnoge države u opasnosti od neminovne nelikvidnosti, neodgovorno je povećavati proračune koji su već duboko u deficitu. Pa ipak, ljudi zahtijevaju društvenu pravdu, i to s pravom. Što bi vlade dakle trebale učiniti?

Kao prvo, važno je imati na umu da, kao što je Einstein rekao: „Važni problemi s kojima smo suočeni ne mogu se rješavati na istoj razini razmišljanja koju smo imali kad smo ih stvorili."[80]

Boaz Schwartz, glavni izvršni direktor delegacije Njemačke banke u Izraelu, rekao je na posebnoj panel-diskusiji koju je sazvao izraelski financijski časopis Globes: „Ne smijemo podcijeniti intenzivne društvene emocije kojima svjedočimo. Te emocije imat će snažne posljedice u narednim godinama. Moramo se pripremiti za svijet društvenih koncepata, jednakog dijeljenja prihoda i različitog određivanja cijena... Zemlje koje se neće uspjeti tome prilagoditi naći će se u nevolji; njihove će ekonomije trpjeti."[81]

Trebali bismo također imati na umu da ekonomija odražava prirodu naših međusobnih odnosa, koji se potom „prenose" u monetarne odnose. Podjela resursa u društvu i socioekonomska ideologija u njezinu temelju proizlaze iz vrijednosti društva i iz odnosa koji vladaju između njegovih članova. Zbog toga ekonomija nije prirodni zakon ni egzaktna znanost poput fizike ili kemije.

Zato je Joseph Stiglitz, dobitnik Nobelove nagrade za ekonomiju, na početku svog predavanja na Skupu dobitnika Nobelove nagrade za ekonomiju 2011. godine, rekao: „Ispit svake znanosti jest predviđanje. A ako ne možete predvidjeti nešto toliko važno kao što je to globalna financijska kriza ili magnituda ove kroz koju sada prolazimo, onda s vašim modelom nešto očito nije u redu."[82]

Isto tako, guverner Izraelske banke i bivši prvi zamjenik čelnika Međunarodnog monetarnog fonda (MMF), Stanley Fischer, rekao je u video-intervjuu sa Steveom Liesmanom, CNBC-ovim višim izvjestiteljem za ekonomiju: „Nalazimo se na jako teškom teritoriju. Ovo nije mjesto na kojem bi nas udžbenici prije pet godina očekivali... Radite u ekstremnim uvjetima, a udžbenici nisu baš sigurni što se čini u tim slučajevima."[83]

Kad budemo krenuli prema društvenim, komunikacijskim i obrazovnim promjenama opisanim u prethodnom poglavlju, moći ćemo stvoriti novi, inkluzivni koncept ekonomije, koncept koji se temelji na društvenoj skrbi i koji je usklađen sa zakonitostima novog svijeta. Procesi donošenja odluka i njihova izvršavanja, struktura socioekonomskog sustava, poveznice između donositelja odluka i onih koji te odluke provode u djelo bit će prožeti osjećajem za uzajamno jamstvo.

Drugim riječima, ispravan redoslijed radnji koje će zajamčiti našu održivu dobrobit započinje objašnjavanjem potrebe za uzajamnim jamstvom, za obrazovanjem za život u novome svijetu. Društveni i ekonomski sustavi redefinirat će se i rekonstruirati na temelju te potrebe. U međuvremenu, dok se te definicije ne osmisle i rekonstrukcija ne provede, trebali bismo voditi diskusije tipa okruglih stolova, u kojima svi sudionici imaju jednak status i zajedno dolaze do sporazuma o vrsti pomoći potrebne manje imućnima radi osnovnog održavanja života.

Uskoro ćemo razraditi način na koji se taj sporazum može postići putem diskusija za okruglim stolom, ali važno je prije toga napomenuti da takva podjela sredstava sama po sebi neće biti dovoljna da nam zajamči dobrobit. Skrb za dobrobit drugih nalaže da svim ljudima pružimo makar minimalnu mogućnost da žive životom dostojnim poštovanja. Ta sredstva, zajedno s obukom u osobnim financijama (kućna ekonomija), omogućit će nam da nastavimo s procesom ozdravljenja društva.

POSTIZANJE SPORAZUMA

Predstavnici svih dijelova društva trebali bi se okupiti u diskusijama za otvorenim stolom. Nosit će teško breme odgovornosti – djelovat će kao „glave" ljudske obitelji. Bez osjećaja da je čitavo čovječanstvo jedna obitelj, predstavnici za tim stolom neće uspjeti doći do pravednih odluka.

Još jedan uvjet potreban za uspjeh tih diskusija bit će transparentnost. Sva vijećanja moraju se emitirati uživo, uključujući svađe, prepirke i težak proces donošenja odluka. Sve se treba odvijati neposredno pred očima cijelog svijeta. U nekom smislu, bit će to nova vrsta *reality showa*, ali takvog čije će posljedice utjecati na svakog pojedinog od nas, na sve članove ljudske obitelji. I baš kao u *reality showu*, gledatelji će imati svoju riječ u konačnim odlukama.

U našoj pravoj stvarnosti, gledateljskoj, svi mi isto ćemo tako sjediti oko stola. Ljudi će morati odlučiti koji su im prioriteti. Bit će to dugačak proces koji će zahtijevati sudjelovanje i uključenost sviju. Dakako, to neće biti jednostavan zadatak, ali s obzirom na to da ponovno gradimo cijelo društvo od nule, druge neće biti. Tek kad budemo uključili cijelu ljudsku obitelj u odluke moći ćemo se smatrati pravom obitelji.

Istraživanja upućuju na to da kad je netko uključen u proces donošenja odluka, onda njegova ili njezina uključenost pobuđuje pozitivan, pozoran stav prema tom procesu do koje god odluke da se došlo. Drugim riječima, čak i kad konačna odluka ide u korist drugih sektora društva a ne nečijeg vlastitog, ljudi koji su bili uključeni u donošenje te odluke vjerojatno će je podržavati, čak i ako je isprva nisu odobravali.[84] Stoga će se osjećaj da donositelji odluka ignoriraju građane, dok se zauzvrat sami nalaze pod pritiskom lobista, zamijeniti osjećajem društvene solidarnosti i povjerenja.

Naime, *modus operandi* okruglog stola trebao bi biti naš način djelovanja u svim odlukama. Trebao bi postati dijelom paradigme upravljanja društvom i državom. U životu ćemo često raspravljati o svojim problemima, vagati ih, stupnjevati, određivati im prioritete i zajedno odlučivati o tome kako da ih riješimo. Okrugli stol savršen je način da naučimo kako uistinu postati jedna obitelj.

Međutim, a ovo je važno, shvaćanje sviju – na razini grada, države ili svijeta – kao jedne obitelji ne znači da trebamo odustati od vlastitih nazora. Naprotiv, svi su nazori i svi pristupi vrijedni. Shvaćanje da smo svi jedna obitelj nalaže da shvatimo kako je i drugima, različitih nazora, također mjesto u toj obitelji. No još više od toga, različite nazore trebali bismo smatrati nepresušnim izvorom obogaćivanja. Oni donose nove perspektive, nove pristupe rješavanju problema i nove informacije koje možda ne bismo doznali kad ne bi bilo tih nazora koji se razlikuju od naših.

Isticanje vrijednosti javne dobrobiti pomoći će svakome od nas da promijeni vlastite nazore prema potrebi. Nakon što iskažemo svoje nazore i potom priznamo da nečiji tuđi bolje služe javnom interesu, prihvatit ćemo te druge. Baš kao što u obitelji zajednički interes odnosi prevagu nad svim ostalim.

Doista, zašto svijet ne može biti poput obitelji? Nije li to pravi smisao društvene pravde? Postoji li ijedan drugi način da se ona postigne i održi?

Na početku taj novi svjetonazor vjerojatno neće biti ugodna vožnja. Treba očekivati razlike i prepreke. Ipak, kad privedemo taj proces kraju i postignemo pravi konsenzus, spoznat ćemo da nam otvorena rasprava omogućuje da poradimo na svojim razlikama i da se općenito složimo. Zapravo, okrugli stol nije samo predodžba u kojoj se radi o otvorenoj raspravi između ravnopravnih sudionika. On je ujedno i obrazovni proces dosad neviđenog opsega na državnoj i međunarodnoj razini.

PREDNOSTI UZAJAMNOG JAMSTVA

Kao što smo već objasnili, novi svijet zahtijeva da usvojimo pristup uzajamnog jamstva. Na prvi pogled možda se čini da je uzajamno jamstva naivna predodžba, nepraktična u stvarnom životu. Međutim, provođenje pristupa uzajamnog jamstva ima vrlo stvarne implikacije na društvo i ekonomiju. Navest ćemo tri najočiglednije implikacije: pozitivna društvena klima, povećani viškovi i smanjeni životni troškovi. Detaljno objašnjenje pozitivnih implikacija ekonomije uzajamnog jamstva pronaći ćete u Dodatku „Prednosti nove ekonomije".

1. **Pozitivna društvena klima:** Već i sam angažman u pozitivnim društvenim vrijednostima stvorit će pozitivno ozračje koje je nužno za svaki rast. Nov duh prožet će svijet, a srce će se ispuniti nadom u svjetliju, bolju budućnost. U društvu koje potiče vrijednosti poput solidarnosti i uzajamnog poštovanja, između nas će se postupno stvarati osjećaj iskrenog povjerenja. Taj osjećaj ne ovisi o osobnom bogatstvu, nego o tome da znamo da drugi mare za nas. Samo u takvu okruženju punom podrške moći ćemo se prestati bojati da nas drugi iskorištavaju ili „žele nasamariti". Kad strah i tjeskoba za našu budućnost i za budućnost naše djece gotovo sasvim nestanu, moći ćemo uistinu rasti i napredovati.

2. **Povećani viškovi:** Uzajamno jamstvo povećat će viškove. Razmislite koliko u kućama imamo „stvari" koje ne trebamo.

Kada se svaka osoba, tvrtka, gradsko vijeće i vlada budu osjećali kao dio zajedničke „obitelji", pojavit će se golemi viškovi hrane, robe i usluga. Oni se mogu dati drugima da ih koriste, a novčani viškovi poslužit će za pokrivanje nekih trenutačnih potreba. To će bitno smanjiti potrebu za povećavanjem proračuna ili poreza.

Bitno je i to što se općine neće boriti za javna sredstva jer će mentalni sklop „Ja se moram pobrinuti za vlastite interese jer nitko drugi neće" zastarjeti, s obzirom na to da će se svi osjećati odgovornima za dobrobit svih drugih. Stoga općine neće tražiti više nego što trebaju i neće čuvati rezerve u „skrivenim uglovima" proračuna pomoću računovodstvenog čarobnjaštva. Umjesto toga razmišljat će kako da si međusobno pomognu, stavljajući tako velike resurse odmah na raspolaganje.

3. **Smanjeni životni troškovi:** Danas cijenu robe i usluga određuju tvrtke koje teže maksimiziranju vlastita profita. Isticanje važnosti uzajamnog jamstva u javnom diskursu potaknut će te tvrtke da budu obazrivije prema javnom interesu, što će dovesti do nižih cijena za sve.

   Ako se javno odobravanje uskrati onima koji su zaradili najviše novca i usredotoči

> na one koji su najviše pridonijeli društvu, prirodna potreba za priznanjem usmjerit će poslovanje prema više prodruštvenim načinima ponašanja.

U članku "Why Doing Good Is Good for Business" („Zašto je za posao dobro činiti dobro")[85], Richard McGill Murphy, suradnik časopisa CNN Money, spomenuo je slučaj farmaceutskog giganta Pfizera koji je dijelio lijekove. Ta priča pokazuje pozitivan učinak koji javno odobravanje ili ukor mogu imati na neku tvrtku. Prema McGill Murphyju, „Kad se nezaposlenost prošle godine [2009] primicala 10%, farmaceutski gigant Pfizer odlučio je učiniti dobro djelo. Kupcima koji su tijekom 2009. izgubili posao pa nisu imali sredstava da plate propisane im lijekove, Pfizer je davao 70 vrsta svojih lijekova (...) besplatno godinu dana. Za poduzeće čija je reputacija zadobila neke mrlje, uključujući 2,3 milijarde dolara globe prethodne godine zbog nepriličnog reklamiranja lijekova liječnicima, program besplatnih, receptom propisanih lijekova bio je itekako vrijedan tog troška. 'Učinili smo tako jer smo smatrali da je to ispravno', kazao je glavni izvršni direktor Pfizera, Jeffery Kindler. 'No to je motiviralo naše zaposlenike i izmamilo sjajnu reakciju naših kupaca. Dugoročno, to će nam pomoći u poslovanju.'"

Sve gore navedeno dokazuje da uzajamno jamstvo nije apstraktan pojam, već vrlo praktičan koncept koji svima donosi znatan dobitak. Uzajamno jamstvo stvara društvenu i ekonomsku vrijednost te predstavlja ključ rješenja za naše probleme na društvenoj, ekonomskoj i političkoj razini.

Kad je nejednakost očigledna, javlja se zahtjev za društvenom pravdom. Naš ego nikad nam neće dopustiti da se osjećamo inferiorno u odnosu na druge, nepoštovano, poniženo ili bezvrijedno. Takva bol ne može se ukloniti samo novcem; za to je potreban sveobuhvatniji, ljudskiji pristup. Ako ne uspijemo izgraditi društvo u kojem su svi jednako važni, u kojem svi iskreno slušaju jedni druge i mare jedni za druge, u kojem svatko doista ima jednake mogućnosti za dostojan život, onda će unutarnja gorčina eksplodirati, kao što pokazuju krvavi primjeri iz Arapskog proljeća.

Naša je budućnost na kocki, a rješenje se nalazi u tome da promijenimo društvene vrijednosti i iscijelimo međusobne odnose kako na osobnoj razini, tako i između građana i države. Pristup uzajamnog jamstva dovest će nas do stvarne društvene pravde, pa stoga predstavlja ključ naše održivosti i prosperiteta. Uzajamno jamstvo neće nam donijeti samo ekonomsku i financijsku sigurnost, ono će nam vratiti povjerenje u život te unutarnji mir i sreću, koji već toliko desetljeća nisu prisutni u našem svijetu.

Drugi dio

Izgradnja novog društva – Točke za razmatranje

Sažetak i novi pogledi
na načela prezentirana u Prvom dijelu

Kriza i prilika

NOVI ZAKONI

Zamislite da vozite auto kad se on odjednom počne gušiti i trokirati. Prvo se pokvari samo jedan sustav, ali zatim slijedi još jedan, pa još jedan. Glavni sustavi, poput motora i prijenosa, još rade. No svjetla se naizmjenično pale i gase, a auto se svako malo ugasi uz trzaj. Zatim se, začudo, posustali motor ponovo pokrene.

Da, još se krećete, ali izgledi da ćete se još dugo nastaviti kretati nisu dobri. Što biste učinili kad bi vam se to dogodilo?

Cijeli naš svijet polako postaje disfunkcionalan na sličan način. Posvuda ima kvarova, ali mi i dalje odvažno grabimo naprijed, unatoč upozorenjima stručnjaka. Govore nam da u trenutačnom stanju stvari moramo napraviti generalku ili će se cijeli stroj čovječanstva potpuno zaustaviti, uz goleme troškove. Ako ekonomija nastavi propadati, broj od gotovo 50 milijuna Amerikanaca koji žive od socijalnih markica za hranu višestruko će se povećati, a još će mnogi po cijelom svijetu patiti od prave gladi, i to ne samo u najsiromašnijim zemljama kao danas.

Kriza koja trese svijet način je na koji nam stvarnost govori da njime ne upravljamo ispravno. Izgradili smo sustave banaka, industrije i međunarodnih odnosa koji su nam se oteli kontroli. Shvaćamo da Keynesova načela usađenog osobnog interesa i nevidljive ruke više ne drže našu sebičnost na uzdi. Poput raka koji se širi, mi uništavamo svoj planet, kao i svoje društvo.

NEMA SE KAMO POBJEĆI

U globalnoj ekonomskoj krizi svaka je država sklona misliti: „Kako bi bilo dobro kad bismo se mogli odvojiti od ostatka svijeta, sami podmirivati sve životne potrebe državljana i biti potpuno samodovoljni, baš kao što smo bili prije stotinjak godina? Zašto ne okrenemo kotač unatrag, ne odredimo visoke carine kako bismo zakočili uvoz, ne trgujemo s drugim zemljama samo onime što smo si potpuno nesposobni priskrbiti sami i ne zamrznemo sva poslovna partnerstva s prekomorskim tvrtkama? Da, životni standard mogao bi se srozati, ali bili bismo manje ovisni o drugima."

Ne razumijemo da iz globalizacije nema povratka. Više se ne možemo odvojiti od ostatka svijeta.

Globalizacija i međusobna ovisnost došle su i ostaju. Odrezati se od svijeta bilo bi kao odrezati neki organ iz živog organizma zato da ga spasimo od bolesti koja je zahvatila ostatak organizma. Ako odrežete prst, bi li on preživio bez tijela s kojega potječe?

BUMERANG

Na prvi pogled uzajamno jamstvo može izgledati kao utopijski koncept, previše naivan da bi funkcionirao u našem svijetu usmjerenosti na sebe. No život nas sada zapravo primorava da ga usvojimo!

Kroz čitavu povijest napredovali smo reagirajući na pobude koje su se u nama pojavljivale. Neprestano smo osjećali potrebu da nešto učinimo, da promijenimo *status quo*. Vodili smo ratove, borili se u revolucijama i bunili. Išli smo naprijed i rasli kroz konflikte i bitke, ali cijena koju smo plaćali bila je uništenje.

Danas, kad smo međuovisni, ratovi i bitke neće riješiti naše probleme. Brutalnom silom ne može se popraviti svijet. Povezanim svijetom ne može se upravljati iz egoističnog mentalnog sklopa koji propagiraju opresija i vladavina sile. Pravilo je jednostavno: ako smo međuovisni, onda se sve što neka osoba učini drugima njoj vraća kao bumerang, jednakom oštrinom i snagom. Ako shvatimo da svi povezani sustavi funkcioniraju na takav način, uspjet ćemo.

EKSPONENCIJALNO UBRZAVANJE

Vrijeme kao da se sažima. U 20. stoljeću čovječanstvo je doživjelo više toga nego u čitavoj ljudskoj povijesti koja mu je prethodila. 21. stoljeće počelo je tek nedavno, a već se puno toga dogodilo.

Živimo u eksponencijalnim vremenima i ritam života ubrzava se u skladu s njima. Premda će biti manje i više užurbanih razdoblja, taj se trend ne može previdjeti. Ritam promjene očigledan je posvuda – češće mijenjamo poslove (pod pretpostavkom da imamo posao) i češće mijenjamo kuće (i opet, pod pretpostavkom da imamo kuću).

No ritam promjene najbolje se vidi u tehnologiji. Pogledajte svoj mobitel i usporedite ga s telefonima koje smo imali prije svega 40 godina. Uzmete li u obzir da je današnji prosječni mobitel nekoliko tisuća puta moćniji od računala na Apollu 11 – koje je spustilo tu svemirsku letjelicu na Mjesec – lako ćete uvidjeti koliko se zapravo brzo i radikalno mijenjamo.

ZAJEDNIČKO RJEŠENJE

Višestruke krize s kojima se čovječanstvo suočava upućuju na to da njihovu rješavanju trebamo pristupiti na sveobuhvatan način. U međusobno povezanom svijetu ne postoji nešto poput lokalnog problema. Potreba za rješenjima koja koriste čitavom čovječanstvu zahtijevat će uporne razgovore između ravnopravnih predstavnika svih država. Svaka strana prezentirala bi probleme koje smatra hitnima, a zatim bi se svaki problem odvagnuo kako bi se vidjelo kojim im redom valja pristupati. Jedino ćemo putem vijećanja u duhu povezanosti unutar globalne mreže pronaći ispravan način rješavanja tih problema.

Alternativa vijećanjima puno je manje privlačna - rat.

ZAŠTO SE VEZATI?

Mnogi stručnjaci već razumiju da ni jedna država ne može sama nadvladati globalnu krizu. Međutim, u tijeku evolucije Prirode, kao što je objašnjeno u Poglavlju 2, važno je još nešto: moramo se prihvatiti suradnje i zajedništva ne samo zato što ni jedna država ne može sama riješiti krizu, nego i zato što je tijek čitave evolucije takav. Ova globalna kriza prilika nam je da to shvatimo i da se ujedinimo u jedinstveni organizam, kao što čitava Priroda prirodno čini.

PRIRODNI RAZVOJ

PRIRODA NE PODNOSI NERAVNOTEŽU

Priroda ne podnosi neravnotežu. Toplina se kreće iz toplijih područja u hladnija da se temperatura izjednači; vjetar uravnotežuje zračni pritisak; voda teče prema dolje sve dok se ne izjednači s višom razinom s koje je potekla. Posvuda, u svakoj pojavi, Priroda teži ravnoteži.

Mehanizam kontrole naše tjelesne temperature još je jedan primjer: receptori za temperaturu raspodijeljeni su po cijelom ljudskom tijelu i ažurno obavještavaju centar za obradu informacija u mozgu (hipotalamus) o svakoj promjeni u okolnoj atmosferi. Na to mozak šalje naredbe efektorima, odnosno znojnim žlijezdama i mišićima, koji izlučuju znoj, stežu se ili tresu, održavajući tako tjelesnu temperaturu. Na taj način tijelo uravnotežuje toplinu koju generira s toplinom koju gubi, održavajući tjelesnu temperaturu na konstantnih 37°C.

Prirodni imperativ da se sve dovede u ravnotežu počinje utjecati na čovječanstvo. Nemiri i prosvjedi kojima svjedočimo po cijelom svijetu izrazi su naše potrebe za ravnotežom na razini. Premda smo kao pojedinci svi različiti, kriterij za ravnotežu isti je za sve nas: moramo se međusobno podržavati; nema druge. Željeli mi to ili ne, Priroda će pobijediti i mi ćemo morati popustiti. Pitanje je jedino po koju cijenu.

PREDNOSTI JEDINSTVA

Danas nam je za sve što činimo potrebna energija i trud. Ako smo u ravnoteži, gotovo se uopće ne trebamo truditi da bismo nešto dobili. Umjesto toga nalazimo se u stanju lakoće u kojem su nam, kamo god krenuli, svi spremni pomoći u čemu nam god trebalo. Mi smo zauzvrat spremni učiniti isto. Sve se odvija lako, gubimo znatno manje energije i nailazimo na puno manje prepreka.

Uravnoteženost uklanja otpor u svakom području života. To se odnosi i na interpersonalne odnose i na sve što proizvodimo iz Prirode. Jedinstvom između nas čitavu ćemo Prirodu dovesti u stanje sveobuhvatne ravnoteže i ništa nam neće nedostajati. Posvuda će vladati obilje.

GLOBALNA GLAD NIJE NUŽNA

Naš planet može prehranjivati puno više ljudi nego što je trenutačna populacija Zemlje, pod uvjetom da ne ometamo Prirodu i pod uvjetom da se ujedinimo poput organa u jedinstvenom organizmu.

VIŠE OD IGRAČAKA

Sljedeći korak evolucije nije nova vrsta (premda bi se i to moglo dogoditi). Bitan novi stadij evolucije zapravo je pomak u ljudskoj svijesti. U tom procesu moramo postupno razvijati vlastitu budnost i razumijevanje; moramo stvoriti analitičko-sintetički mehanizam stvarnosti. Moramo shvatiti kako funkcionira naš planet, tko smo mi i kakav bi trebao biti naš pristup životu. Živimo u posebnim vremenima. Uspijemo li otvoriti oči, omekšati srca i proširiti svijest, uspjet ćemo proći kroz taj stadij brzo, uspješno i lako.

Društvena solidarnost

ZAŠTO ONI, A NE JA?

Osim zahtjeva za ravnomjernijom raspodjelom bogatstva, ljudi su ogorčeni zbog svih nejednakosti, pa tako i zbog nepostojanja jednakih mogućnosti. Međutim, istina je takva da nema te pravedne raspodjele koja će tu pomoći sve dok ne postignemo društvenu svijest koja podržava uzajamno jamstvo. Favoriziranje jednog dijela populacije umjesto nekog drugog samo će raspiriti srdžbu i gorčinu u drugim dijelovima. Bez mentalnog sklopa uzajamnog jamstva, ljudi koji se ne budu našli u poziciji primatelja uvijek će biti zlovoljni i pitat će se: „Zašto oni, a ne ja?"

ŠTO JE UZAJAMNO JAMSTVO?

Uzajamno jamstvo je recipročna veza koja od nas traži da svakoga smatramo našim najbližim rođakom.

Možda nam je teško povjerovati da je to moguće, ali evolucija ljudskog društva dovest će nas do stanja u kojem ćemo u sebi osjećati cijeli svijet, slično kao što osjećamo svoje rođake. Osjećat ćemo tko od naših rođaka treba pomoć i kakvu vrstu pomoći treba – je li ta potreba vezana uz ostarjele roditelje, malu djecu, neočekivane troškove i plaćanja, bolest itd. Prirodno, potrebama vlastite obitelji određujemo prioritete po redu važnosti. Bismo li zanemarili oboljelog djeda? Ne ako smo normalna obitelj. Osjećaj obaveze, uzajamnog jamstva, primorava nas da budemo takvi. Upravo na taj način moramo pristupiti svojim odnosima s ostatkom čovječanstva.

ŠTO JE JEDNAKOST?

Jednakost je stanje u kojem svatko od nas ima jednake prilike i osobne mogućnosti za konstruktivno samoizražavanje u kolektivnom sustavu – da daje i prima, da bude u ravnoteži s ostatkom čovječanstva.

Primjerice, srce je jednako plućima; pluća su jednaka jetri; jetra je jednaka bubrezima, koji su jednaki nogama, koje su jednake rukama...

Po čemu su oni jednaki? Svi oni recipročno funkcioniraju u korist tijela. Međutim, svaki dio tijela usredotočen je na različite funkcije koje su potrebne za dobrobit cijelog tijela. Upravo to nas (kao organizam) održava živima i zdravima.

Isto tako, ako neka osoba pripada jednom dijelu čovječanstva, to je ne čini ništa manje vrijednom od neke druge osobe iz nekog drugog dijela. Da parafraziramo, ja možda pripadam „srcu" čovječanstva, a netko drugi možda pripada „mozgu" čovječanstva, ili pak „jetri" čovječanstva. To su uvjeti u kojima smo se rodili i koji su nam predodređeni. Kako bismo održali zdravlje i dobrobit čovječanstva, moramo raditi zajedno kao jednaki *ondje gdje smo se našli* i ne smatrati se superiornima ili inferiornima zato što smo se našli na nekom mjestu a ne na nekom drugom.

Svi smo se rodili u drugačijim obiteljima, s drugačijim genima i drugačijim odgojem. Naši svjetonazori možda se veoma razlikuju i mi se možemo osjećati drugačijima od drugih. No ako svatko od nas osjeća sklad s ostalima, postići ćemo jednakost.

FIZIČKI RADNIK, KOMPJUTERAŠ I JEDNAKOST

Pretpostavimo da imamo dva čovjeka: jedan je snažan fizički radnik visok 195 cm koji radi 12 sati dnevno, a drugi je štrkljavi kompjuteraš od 155 cm. Fizički radnik zarađuje 15 dolara na sat plus napojnice, a kompjuteraš, čije pokućstvo on danas seli, zarađuje 150 dolara na sat plus bonuse i opcije. Je li to pošteno?

Jednome je dana snaga, drugome je dana pamet. Obojica se jednako marljivo služe onime što im je Priroda dala, pa zašto bi onda jedan trebao zarađivati više od drugoga? Obojica pridonose društvu onime čime mogu i što najbolje rade, pa su prema kriteriju svoga doprinosa jednaki. Zašto se to ne primjenjuje na njihove plaće?

Hajde da malo promijenimo taj opis. Što ako su fizički radnik i kompjuteraš braća? Bi li kompjuteraš i dalje zanemarivao financijske poteškoće vlastita brata? Još bolje, što ako je kompjuteraš otac fizičkog radnika? Bi li dopustio da mu sin bude gladan ili siromašan samo zbog toga što nije naslijedio očevu pamet nego je umjesto nje dobio krupno tijelo?

Mentalni sklop da smo svi jednaki kada ulažemo jednaki trud sada je jedini mentalni sklop koji može očuvati naše društvo netaknutim. Put prema tom mentalnom sklopu sastoji se od dosljednog preodgajanja samih sebe sve dok ne usvojimo stvarnost da smo zapravo svi u srodstvu. Kad budemo stavili uzajamno jamstvo na vrh popisa prioriteta, otkrit ćemo da je svijet odjednom postao mjesto u kojem život uistinu može biti lak i radostan.

NOVA DRUŠTVENA LJESTVICA

Što nas, prirodno egocentrična ljudska bića, može navesti da javno dobro stavimo ispred vlastita? Samo utjecaj okoline! Stoga moramo promijeniti društvene vrijednosti tako da ljudi budu cijenjeni zbog njihova doprinosa društvu, a ne zbog veličine iznosa na njihovim bankovnim računima. Kada će život na ovom planetu biti dobar? Onda kada svi ne budemo prvo mislili na sebe, nego tek nakon svih ostalih.

Dodaci

Prethodne publikacije ARI Instituta

MI, MI, MI

To da se nalazimo usred „globalne krize” više nije u pitanju. Budući da usto postoji obilje dokaza da pojam „globalizacija” pokriva puno više od puke korelacije između globalnih financijskih tržišta, preciznije značenje tog pojma trebalo bi uključivati međusobno povezanu prirodu društva kao cjeline. „Globalni” smo ne samo u financijskom smislu, nego također, a možda i prvenstveno, u društvenom, a možda i emocionalnom smislu. Naše emocije utječu na one drugih ljudi toliko intenzivno da mogu paliti društvene požare u jednoj zemlji za drugom, prelazeći s jednog žarišta na sljedeće putem žica koje povezuju World Wide Web.

Arapsko proljeće proširilo se puno dalje od arapskog svijeta. U svakoj zemlji uzroci i pojavnosti tih prosvjeda imaju drugačije „ruho". U Egiptu su masovne demonstracije srušile vladu. U Siriji herojski otpor naroda suočenog s krvoprolićem svjedoči o pojavi duboke duhovne promjene. Građani više jednostavno ne mogu podnositi tiraniju.

U Izraelu su prosvjedi mirni, ali su još neviđene magnitude. U prosvjedu koji se dogodio u subotu 6. kolovoza 2011. sudjelovalo je 300 000 ljudi, približno jedan Izraelac na njih 22. Kad bi jedan od svakih 22 Amerikanaca sudjelovao u prosvjedu, bio bi potreban prostor za približno 14 milijuna ljudi.

U Španjolskoj su mjesecima stajali šatorski kampovi prosvjednika, a na obzoru se nije naziralo ni rješenje ni razlaz kampera. U Ujedinjenom Kraljevstvu buknule su nasilne pobune i kao da su zbunile premijera Davida Camerona, kojeg su zatekle nespremnog, na odmoru u Italiji. Čak se i Čile sada nalazi na zemljovidu prosvjeda zbog žestokih studentskih demonstracija. Prema CNN-ovu izvještaju[86], u kolovozu 2011. godine „Više od 60 000 prosvjednika [studenata] protestiralo je u Santiagu."

Jemen, Libija i mnoge druge države već se ili nalaze na popisu država u kojima su buknuli nemiri, ili će im se vrlo brzo pridružiti.

Analizom krize u svakoj državi lako se uviđa da se u temelju svih njih nalaze društvene, ekonomske i političke nepravde. No te nepravde nisu ništa novo. One muče ljude već tisućama godina. Zašto onda svi prosvjeduju upravo sada i zašto svi prosvjeduju *istovremeno*?

Odgovori se nalaze u strukturi i evoluciji ljudske prirode. Kao što su to Jean M. Twenge i W. Keith Campbell lijepo ilustrirali u knjizi *The Narcissism Epidemic: Living in the Age of Entitlement* (Free Press, 2009), ljudi današnjice ne samo što su narcisoidni i usmjereni na sebe, nego strahovito brzo postaju sve više takvima.

Kao narcisoidne osobe stavljamo sebe u središte svega i „ocjenjujemo" sve ostale prema koristi koju nam mogu donijeti. Povezujemo se sa svijetom kroz naočale samoživosti. No upravo na taj način *ne smijemo* funkcionirati ako želimo uspjeti u eri globalizacije, u kojoj je svijet međusobno povezan i međuovisan. Da bismo uspjeli, moramo željeti dobro onima s kojima smo povezani isto koliko želimo dobro sebi. Ako smo povezani i ovisni jedni o drugima, onda ako su oni sretni, bit ćemo i mi. A ako su drugi nesretni, i mi ćemo biti nesretni, kao što su pokazali dr. i dr. med. Nicholas A. Christakis i dr. James H. Fowler u knjizi *Povezani : Iznenađujuća moć društvenih mreža i kako one utječu na naše živote – kako prijatelji prijatelja vaših prijatelja utječu na sve što osjećate, mislite i činite.*

Rješenje je dakle u tomu da promijenimo točku gledanja sa samoživosti na davanje prednosti društvu, da stavimo društvo na prvo a ego na drugo mjesto, *zato da bismo na koncu učinili dobro sebi.*

S praktične strane to rješenje podrazumijeva tri cilja:

1. Osigurati potrebna sredstva svakom članu društva.
2. Osigurati nastavak priskrbljivanja tih sredstava tako da se u društvo usade prodruštvene vrijednosti putem masovnih medija i interneta, a osobito društvenih mreža.
3. Razvijati sebe putem prodruštvenog rada, da bismo u potpunosti uspjeli ostvariti potencijal koji leži u svakome od nas.

Da bi se postigao **Cilj 1**, mora se oformiti međunarodna komisija od državnika, ekonomista i sociologa koji predstavljaju sve nacije, a koja će osmisliti plan za uspostavljanje pravedne i održive ekonomije. Napominjemo da se pojam „pravedne" ne odnosi na jednaku raspodjelu sredstava ili resursa (bilo prirodnih ili ljudskih). Prije se radi o tome da u pravednoj ekonomiji ni jedna osoba na Zemlji nije nezbrinuta. Dakle, djetetu koje umire od gladi u Keniji možda nije potreban najnoviji model iPhonea, ali nedvojbeno ima pravo na urednu prehranu, krov nad glavom, uredno obrazovanje i urednu zdravstvenu skrb.

Zauzvrat, dijete slične dobi u Norveškoj možda već ima najnoviji iPhone, ali se još uvijek osjeća jadno do te mjere da bi si moglo oduzeti život ili ga, još gore, oduzeti drugima, kao što se pokazalo u nedavnim zbivanjima u toj zemlji.[87] Patnja u ta dva slučaja veoma je različita, ali jednako je snažna, i komisija se mora posvetiti oboma, imajući na umu ono što je rekao dobitnik Nobelove nagrade 2008. godine i kolumnist za The New York Times, Paul Krugman: „Svi smo mi u istom čamcu."

Za postizanje **Cilja 2** potrebna je promjena mentalnog sklopa. Budući da mediji određuju interes javnosti, na medijima je da povedu na put prema uništavanju usmjerenosti na sebe. Umjesto trenutačnog stava „ja, ja, ja" koji su mediji njegovali zadnjih nekoliko desetljeća, njihova nova gesla trebala bi biti „mi, mi, mi", „uzajamno jamstvo" i „jedan za sve i svi za jednoga". Budu li mediji opisivali prednosti uzajamnog jamstva i škodljivost narcisoidnog pristupa, svi ćemo prirodno težiti prema zajedništvu i skrbi umjesto prema sumnjičavosti i izoliranju. Ako reklame, vijesti i zabavni sadržaji počnu odavati počast pojedincima koji daju, svi ćemo poželjeti davati, baš kao što danas, dok mediji odaju počast bogatima i moćnima, i mi želimo biti bogati i moćni.

Takav mentalni sklop zajamčit će da će naše društvo ostati pravedno i suosjećajno prema svima, a u isti mah i da će svi *dragovoljno* pridonositi tom društvu. Pored toga, mnoge će današnje agencije za reguliranje i obuzdavanje, poput policije, vojske i financijskih regulatora, ili postati zastarjele, ili trebati tek djelić ljudskih i financijskih resursa koji su im sada potrebni. Stoga će se ti resursi usmjeriti ka poboljšavanju svakodnevnog života, a ne samo prema tome da se očuva njegova relativna sigurnost, a čak i to uz sve manje uspjeha.

U takvom ohrabrujućem i prodruštvenom ozračju prirodno će se ostvariti **Cilj 3**, „Razvijati sebe putem prodruštvenog rada". Društvo će se zalagati, nastojati i truditi se zajamčiti da svatko od nas maksimalno ostvari svoj osobni potencijal, jer kad se taj potencijal rabi za opće dobro, društvo će od toga imati koristi. Štoviše, kad se riješimo potrebe da se zaštitimo od neprijateljski nastrojene okoline, upregnut ćemo čitavo pronađeno blago novih energija u samoostvarenje. Rezultat će biti iskorjenjivanje depresije i svih bolesti povezanih s njom, te dramatično povećanje zadovoljstva životom.

Nakon nekoliko mjeseci provedenih u mentalnom sklopu usmjerenom prema društvu bit ćemo zapanjeni time što smo ikada mogli smatrati da je osobni interes dobra zamisao. Očigledan uspjeh i sreća takvog društva urodit će sve snažnijom motivacijom da ga se promiče i jača, stvarajući tako perpetuum mobile koji radi u korist društva i, istovremeno, u korist svakog njegova člana, ne zanemarujući ni jednog jedinog.

U našoj globaliziranoj stvarnosti, jedini oblik vladavine koji se može pokazati održivim i uspješnim jest onaj koji sreću i dobrobit *svih* ljudi na svijetu smatra *jednako važnima.*

PUT PREMA DRUŠTVENOJ PRAVDI

Širom svijeta nacije i ljudi bude se i zahtijevaju da ih vlade saslušaju, uvide njihovu muku i riješe njihove probleme. Ne bune se samo zbog hrane ili cijena stanovanja. U temelju pobune nalazi se odlučan zahtjev za *društvenom pravdom*.

No društvena pravda nejasan je cilj. Uz tolike dijelove društva koji su pogođeni inflacijom, nezaposlenošću i nedovoljnim obrazovanjem, pravda za jednoga lako može dovesti do nepravde za drugoga. U sadašnjoj strukturi društva svako rješenje do kojega se dođe samo će perpetuirati, ako ne i pogoršati, sadašnju nepravdu, dovodeći do općeg razočaranja koje bi moglo pokrenuti još više nasilja ili čak rat.

Stoga rješenje zahtjeva za društvenom pravdom mora obuhvatiti *sve dijelove društva*, ne izostavljajući ni jedan. „Proljeće nacija" iz 2011. godine dokazuje da se svijet mijenja iz temelja. Čovječanstvo je postalo jedinstvena, globalna cjelina. Kao takvo, ono zahtijeva da svim njegovim dijelovima – i nacijama i pojedincima – priznamo da vrijede sami po sebi. Nacije više ne trpe okupaciju, a ljudi više ne trpe opresiju.

Usporedimo li čovječanstvo s ljudskim tijelom, koje sadrži mnoštvo organa raznih funkcija, ni jedan organ nije suvišan. Svaki organ istovremeno daje tijelu ono što mu treba i od tijela prima ono što treba njemu.

Na sličan način, pristup rješavanju nemira širom svijeta mora obuhvatiti *sve* dijelove društva. Ključne riječi za sve pregovore u kojima sudjeluju vladini dužnosnici i prosvjednici trebale bi biti „promišljeno vijećanje". Ti pregovori trebali bi se temeljiti na premisi da zahtjevi svih strana imaju svoju težinu i da im treba prići s poštovanjem. Ipak, budući da tolike strane imaju opravdane zahtjeve, sve strane moraju uzeti u obzir i zahtjeve drugih strana.

U takvim vijećanjima nema „dobrih" i „loših". Ima ljudi s pravim, opravdanim potrebama, koji govore o svojim problemima nastojeći doći do prihvatljiva, *dostojna* rješenja za sve.

Zamislite veliku obitelj punu ljubavi. Svatko u obitelji ima svoje potrebe: djedu trebaju tablete, tati treba novo odijelo za novi posao, mami trebaju njezine radionice joge, a brat Ben upravo je primljen na skup fakultet. Onda se obitelj sastane na obiteljskom sastanku, pomalo kao na Dan zahvalnosti, ali bez purice. Članovi razgovaraju o prihodima, raspravljaju o prioritetima, govore o svojim potrebama, malo se porječkaju i puno se smiju. I na kraju znaju što je nužno, što nije, tko će dobiti ono što mu treba sada, a tko kasnije. No kako su obitelj koju povezuje ljubav, oni koji moraju čekati slažu se s time da čekaju jer su, najzad, obitelj.

U mnogim pogledima globalizacija i sve veća međuovisnost pretvorile su čovječanstvo u divovsku obitelj. Sad još samo moramo naučiti kako da funkcioniramo kao takvi. Kad razmislimo o tome, velika obitelj uvijek daje više sigurnosti od samoće, pod uvjetom da funkcionira kao obitelj puna ljubavi.

Usto moramo imati na umu da se u gotovo svakoj zemlji vlade bore sa sve većim deficitima i dugovima. Nema dovoljno resursa za sve, ali sigurno ima dovoljno resursa za to da se svima omogući respektabilan život, samo kad bismo svi *primili na znanje* potrebe drugih. Dakle, „velika obitelj" najbolji je koncept za to da se na koncu zajamči postizanje društvene pravde. Baš kao u obitelji, nije cilj razoriti sustav, nego ga podesiti tako da zadovoljava potrebe ljudi a ne želje raznih grupa za pritisak.

Kralj Artur imao je okrugli stol oko kojeg su se sastajali on i njegovi vitezovi. Kao što mu ime govori, taj stol nije imao čelo, pa se podrazumijevalo da su svi koji su sjedili oko njega imali jednak status. Na sličan način, vlade i građani moraju razumjeti da nema drugog načina da se riješe društveni problemi osim tog da se sjedne zajedno za okrugli stol (metaforički, ako već ne i fizički).

Moramo imati na umu da smo svi uzajamno odgovorni jedni za druge i da smo međusobno ovisni poput obitelji. Problemi koji kao da nas salijeću iza svakog ugla nisu uzroci, već su *simptomi* našeg pravog problema: nedostatka solidarnosti i uzajamne međusobne odgovornosti. Stoga je od najveće važnosti da ih riješimo tako da prizovemo „duh okruglog stola".

Rješavajući te probleme jedan po jedan, postupno ćemo graditi društvo kojem upravlja uzajamno jamstvo. Uistinu, mentalni sklop uzajamnog jamstva pravi je razlog zbog kojeg su nam ti problemi došli. Kada ostvarimo uzajamno jamstvo, problemi će nestati kao da ih je odnio vjetar.

PREMA UZAJAMNOJ OBAVEZI

Zašto je zajednička odgovornost pri suočavanju sa svjetskim izazovima ključ za njihovo rješavanje u međuovisnom svijetu

Unatoč desetljećima nezamislivih napora, resursa i planiranja koje je UN posvetio tome da se iskorijene nejednakost, eksploatacija i manjak osnovnih uvjeta za život, ti problemi i dalje predstavljaju velike izazove u mnogim zemljama. Približno 1,4 milijarde ljudi širom svijeta žive s manje od 2 dolara na dan, dok se svake godine samo u Australiji baci hrane u vrijednosti od 5,2 milijarde dolara.

Jonathan Bloom, autor knjige *American Wasteland: How America Throws Away Nearly Half of Its Food* (*Američka pusta zemlja: kako Amerika baca gotovo polovicu hrane*), piše: „Amerikancima propada više od 40 posto hrane proizvedene za konzumiranje. Ukupna cijena propale hrane doseže godišnji iznos veći od 100 milijardi dolara." Što je još gore, jaz između onih koji imaju i onih koji nemaju i dalje se širi.

Nastojanja država u razvoju da dobiju pomoć u hrani, zdravstvenoj skrbi i razvoju od imućnijih zemalja već desetljećima postižu vrlo neadekvatne rezultate. Do danas nije bilo drugog izbora. Najzad, igra se zvala „Pobjednik uzima sve".

Jazovi ne postoje samo između država, nego i unutar njih. Osjećaj oskudice uzrokuje i državnu i međudržavnu napetost, a jasno je, uzevši u obzir globalnu krizu, da ta situacija može drastično eskalirati.

No sada se igra promijenila. Nedavna pojava Proljeća nacija svima nam je dala lekciju koju bismo trebali ozbiljno shvatiti: svijet je povezan, a kako siješ, tako ćeš i žeti. Globalizacija nas je sve učinila međuovisnima i ni jedna država ne može eksploatirati druge države samo zato što je jača, ili će to skupo platiti. Kao što vidimo, zemlje koje su se do jučer činile nedodirljivima, danas se urušavaju. Likvidne su još samo zahvaljujući milosti onih država koje su prije svega nekoliko godina bile tretirane kao inferiorne.

U današnjoj globaliziranoj stvarnosti ili *svi* pobjeđujemo ili *svi* gubimo, zbog toga što smo međuovisni. Kada dovoljno ljudi na svijetu otvori oči i uvidi činjenice globalizacije i zajedničke odgovornosti, započet će velika promjena. Države i narodi više neće iskorištavati jedni druge; mamutski konzorciji više neće iskorištavati desetke milijuna potplaćenih radnika po cijelom svijetu; više se neće dopuštati da djeca umiru od gladi i bolesti koje se mogu liječiti običnim antibioticima, a žene više neće biti zlostavljane samo zato što su žene. Naime, u svijetu u kojem ljudi shvaćaju da njihova dobrobit ovisi o dobrobiti drugih, ljudi će skrbiti za druge, koji će kasnije zauzvrat skrbiti za njih.

Kada ta promjena započne, pojmovi kao što su „prvi svijet" i „treći svijet" prestat će postojati. Postojat će samo jedan svijet i ljudi koji u njemu žive.

PROVOĐENJE PROMJENE

Da bi se gore navedeno ostvarilo, najvažnije su dvije stvari: 1) prva pomoć, 2) obrazovanje.

Pod „prvom pomoći" mislimo na pokretanje svjetske kampanje kojom se objašnjava zbog čega su u globaliziranoj stvarnosti nedovoljne zalihe hrane i manjak čiste pitke vode neoprostivi te se moraju ispraviti bez odlaganja. Lako je dokazati da će se trošak takvih ulaganja isplatiti uz kamate za nekoliko kratkih godina. Zemlje poput Indije, Vijetnama i Indonezije služe kao divni primjeri, unatoč svim njihovim izazovima koji i dalje postoje.

Obrazovanje znači informiranje ljudi o novoj eri globalizacije, uzajamne ovisnosti i zajedničke odgovornosti, eri kojoj svi pripadamo. Nedavne globalne financijske krize i nizovi pobuna širom svijeta dovoljan su dokaz da utječemo jedni na druge na svim razinama života – ekonomskoj, društvenoj, pa čak i emocionalnoj (vidi referencu Thomasa Friedmana na „Globalizaciju kao gnjev"[88]).

U **Prvoj fazi** obrazovnog procesa ljudi će shvatiti da je nezamislivo da više od milijardu ljudi umire od gladi dok druga milijarda baca gotovo pola hrane koju kupuje i bori se s pretilošću. Nakon što se osnovne potrebe za život osiguraju u cijelom svijetu, započet će **Druga faza.**

Druga faza usredotočit će se na poticanje jedinstva i solidarnosti između pojedinaca i država, u skladu sa sadašnjom stvarnošću međusobne povezanosti.

U Prirodi su jedinstvo, recipročnost i uzajamna odgovornost preduvjeti za život. Ni jedan organizam ne može preživjeti ako mu stanice ne funkcioniraju skladno. Isto tako, ni jedan ekosustav ne može uspjeti ako mu se ukloni neki element. Donedavno su ljudi bili jedina vrsta koja se nije držala zakona uzajamne ovisnosti i recipročnosti. Smatrali smo da je zakon Prirode „opstanak najjačih". No sada počinjemo shvaćati da i sami podliježemo međuovisnosti i da moramo igrati po tom pravilu ako želimo preživjeti.

Kampanja

U cilju integracije poruka o uzajamnoj odgovornosti i međuovisnosti predlažemo sljedeće: proglasiti sljedeću godinu, koju je UN nazvao „Godinom kooperativa", početnom točkom mijenjanja globalnog mentalnog sklopa prema prijekoj potrebi za uzajamnom obvezom kako bi društvo i ekonomija ostali održivi.

Koraci promjene

1) Trebali bismo, pod pokroviteljstvom UN-a, okupiti međunarodni forum znanstvenika (i egzaktnih znanosti i društveno-humanističkih znanosti), umjetnika, mislioca, ekonomista, uspješnih poslovnih ljudi te slavnih osoba, koji bi proglasili početak Godine kooperativa. Na toj konferenciji sudionici će se obvezati na to da će učiniti sve što budu mogli da se iskorijene glad i oskudica. Njihove će ih države ovlastiti za osmišljavanje svjetske kampanje kojom bi

se podignula svijest o globalizaciji, zajedničkoj odgovornosti i međuovisnosti.

2) Na kraju tog foruma UN-ovi će timovi u suradnji sa svakom zemljom stvoriti medijske kampanje, školske programe, ulične plakate i druge načine oglašavanja koji promiču gore navedene koncepte. Cilj te kampanje bit će da iskorištavanje drugih postane grozna, a zajedništvo i skrb hvalevrijedna zamisao – a na koncu i naša druga priroda.

3) UN-ovi timovi sastajat će se redovito u sjedištu UN-a kako bi podnosili izvještaje i uskladili poteze, pospješujući time ravnomjerno globalno napredovanje prema smislu za uzajamnu odgovornost. Sastanci tih timova prenosit će se uživo kako bi se pokazala transparentnost i povećao njihov kredibilitet. Najvažnija će biti prilika da se pokaže koliko zapravo možemo biti produktivni kada surađujemo.

4) Države, konzorciji, pa i pojedinci koji izvrsno demonstriraju solidarnost i zajedničku odgovornost bit će hvaljeni i slavljeni, otprilike kao što su danas štovane filmske i pop zvijezde. To će dati snažan poticaj i ohrabrenje onima koji su izvrsni da nastave biti izvrsni, a onima koji nisu, da im se pridruže.

5) Iz brojnih pokusa s učincima prodruštvenog ponašanja (poput onoga Davida W. Johnsona i Rogera T. Johnsona, *An Educational Psychology*

Success Story: Social Interdependence Theory and Cooperative Learning (Priča o uspjehu psihologije obrazovanja: teorija društvene međuovisnosti i kooperativno učenje)"[89], znamo da će tipično zapadnjački problemi, poput depresije i zloporabe droga, gotovo posve nestati kad se ta kampanja primi. Time će se pak osloboditi golema količina financijskih i ljudskih resursa za zadovoljavanje drugih potreba čovječanstva. Međunarodna neprijateljstva također će se jako smanjiti, pa makar zbog izostanka moralne i financijske podrške protivnicima. U međuovisnom svijetu naprosto nije mudro voditi bitke, što će svima postati vrlo jasno.

Mi iz ARI Istraživanja imamo godine iskustva u međunarodnim suradnjama, umrežavanju i cirkuliranju ideja. Imamo umreženi sustav besplatnog emitiranja sa simultanim prevođenjem na osam jezika i možemo proizvesti tekstualne i video materijale gotovo u tren oka.

Već surađujemo s organizacijom UNESCO na temu globalnog obrazovanja te UN-u besplatno nudimo svoje usluge i objekte, nadajući se proširenju našeg plodonosnog partnerstva.

Priroda sada od nas traži da se ujedinimo. S vremenom će taj zahtjev postajati sve jači, sve dok svi ne budemo pristali. Istovremeno, taj je zahtjev ključ našeg uspjeha u izgradnji održive stvarnosti za nas i za našu djecu. U svjetlu svega toga moramo se ujediniti, raditi zajedno, i *uspjet ćemo.*

PREDNOSTI NOVE EKONOMIJE

Uravnotežena ekonomija nije samo nužnost u globalnoj i integralnoj stvarnosti; ona nam usto svima koristi

Ključne točke

- Ekonomija utemeljena na načelima uzajamnog jamstva sukladna je zakonima globalnog integralnog sustava, pa će stoga biti stabilna i najbolje zadovoljavati naše razumne potrebe za životnim sredstvima. Ujedno će nam dati vremena za ostvarivanje osobnih i društvenih potencijala.
- Ekonomija pod kišobranom uzajamnog jamstva ima mnoge društvene i ekonomske prednosti, poput dobrog životnog standarda za sve, smanjivanja životnih troškova, transparentnosti, većeg „ekonomskog kolača" i dramatičnog smanjenja jazova i ekonomskih nejednakosti.
- Tranzicija s današnje kompetitivne ekonomije usmjerene na sebe prema uravnoteženoj, funkcionalnoj ekonomiji razotkrit će mnoge viškove u novcu, imovini i resursima koji se mogu upotrijebiti za javno dobro.
- Tranzicija na ekonomiju koja se temelji na uzajamnom jamstvu bit će postupna, ali će se od samog početka stvoriti pozitivna dinamika promjene i nade – novi duh, osjećaj kohezije i osobnog samopouzdanja.

ESKALIRAJUĆA KRIZA U EUROPI I SJEDINJENIM AMERIČKIM DRŽAVAMA

Globalna ekonomska kriza ubrzano se pogoršava. Sjedinjene Američke Države pretrpjele su prvi pad kreditnog rejtinga u povijesti, a Europa je u opasnosti da se potpuno uruši ili da se, u suprotnom, suoči s nelikvidnošću zbog državnog duga, što bi uzdrmalo financijska tržišta širom svijeta. Istovremeno, vodeći ekonomisti daju zloslutne izjave, poput one Nouriela Roubinija: „Velika je vjerojatnost (...) da će u narednih 12 mjeseci doći do nove recesije u većini naprednih ekonomija"[90], ili one Josepha E. Stiglitza: „Na neki način, ne samo što je kriza u ekonomiji, nego bi kriza trebala biti i u ekonomiji kao znanosti."[91]

Budući da su međuovisne, države se ne mogu izolirati i odvojeno rješavati svoje probleme. Primjer je pokušaj eurozone da spasi posrnulu grčku ekonomiju. Poljski ministar financija, Jacek Rostowski, u svom je govoru pred Europskim parlamentom upozorio: „Europa je u opasnosti, a raspad eurozone doveo bi do lančane reakcije koja bi pak dovela do raspada Europske unije i na koncu do povratka rata u Europu."[92] Usto, njemačka kancelarka Angela Merkel izjavila je: „Vođe euro-regije moraju podići vatrozid oko Grčke kako bi spriječili kaskadu tržišnih napada na druge europske države."[93]

Prirodno, ulagači su zabrinuti zbog budućnosti svjetske ekonomije. Tijekom vikend-sastanka političara, ulagača i bankara u Washingtonu, PIMCO, najveći ulagač u obveznice na svijetu, predvidio je: „Ekonomije će usporavati tijekom sljedeće godine, a Europa će kliziti u recesiju."[94]

Istom je prilikom bivši ministar financija SAD-a, Lawrence Summers, rekao da je 20 godina išao na okupljanja Međunarodnog monetarnog fonda (MMF) i „Ni na jednom prethodnom sastanku stvari nisu imale veću težinu, a ja nisam bio zabrinutiji zbog budućnosti globalne ekonomije."

Nezaposlenost u Europi i Sjedinjenim Američkim Državama visoka je i raste. Primjerice, stopa nezaposlenosti u Španjolskoj u prvom kvartalu ove godine oštro je skočila do novog vrhunca u eurozoni od 21,3 posto, uz rekordan broj od 4,9 milijuna ljudi bez posla.[95] U Sjedinjenim Američkim Državama stopa nezaposlenosti je 8,6, uz 13,3 milijuna ljudi bez posla.[96]

EKONOMIJI TREBA OBNOVA

Neuspjeh u rješavanju globalne krize koja je započela 2008. godine zbunjuje istaknute ekonomiste i razotkriva ograničenja aktualnih ekonomskih paradigmi. Ekspanzivna monetarna politika trebala je preokrenuti trend pada i postupno izliječiti svjetsku ekonomiju, ali kao da se dogodilo suprotno. Čini se da su ekonomske „alatke" u rukama donositelja odluka poslužile samo za tretiranje simptomima krize, a ne krize kao takve.

Rezovi kamatnih stopa, širenje proračuna – koji su trebali potaknuti industriju i trgovinu – smanjenja poreza, financijske reforme, uplitanje središnjih banaka u tržišta obveznica i valuta, sve to nije uspjelo vratiti snagu usporenoj ekonomiji.

Da bi se kriza riješila, prvo moramo dijagnosticirati korijen problema i usvojiti rješenje koje će ga ispraviti. Puko liječenje simptoma neće riješiti samu krizu, kao što pokazuje njezin nedavni povratak.

U samom svom srcu ekonomija je izraz načina na koji se odnosimo jedni prema drugima. U sadašnjoj ekonomiji naš je primarni motiv maksimiziranje profita u kompetitivnom okruženju, koje u nama neprestano održava osjećaj nedostatka. Posljedica je igra nulte sume, u kojoj nečiji dobitak dolazi na nečiji gubitak.

Rješenje ekonomske krize od nas zahtijeva da prvo promijenimo međusobne odnose u odnose utemeljene na uzajamnom jamstvu. Takva promjena bit će moguća samo uz stvaranje okruženja koje pruža podršku, što uključuje informacijske sustave koji nas educiraju o toj promjeni. Oni obuhvaćaju medije i obrazovne sustave odrasle i mlade. U obrazovnom okviru poticat će se vrijednosti kao što su solidarnost, suradnja, empatija, skrb za druge i uzajamno jamstvo.

Društvene znanosti pružaju obilje dokaza o tome kako okruženje utječe na ljude.[97] Stoga moramo izgraditi društvo koje nas uči da razmišljamo drugačije i usvojimo prodruštvene vrijednosti.

Danas nas društvo nagrađuje novcem, moći i slavom. Takve nagrade stvaraju kompetitivnost i potiču agresiju, budući da svatko od nas pokušava iskorištavati ili manipulirati druge na osobnoj, poslovnoj, državnoj ili međudržavnoj razini. Kad bi se te nagrade promijenile i kad bi, za razliku, poticale uzajamno jamstvo, bilo bi lako provesti tu promjenu jer bi ona imala podršku široke javnosti. U tomu je moć okruženja da utječe na naše ponašanje.

POČETI OD POČETKA: UGASITI POŽAR

Prvo moramo ugasiti požare i pozabaviti se najhitnijim problemima s kojima smo suočeni. Da bismo u tomu uspjeli, moramo se ujediniti, vijećati u formatu okruglog stola i raspraviti – kao obitelj – kako možemo pomoći onima među nama kojima to očajnički treba jer žive ispod granice siromaštva. Bez rješenja tih problema oko kojih se svi možemo složiti ne možemo nimalo napredovati.

Slaganje je preduvjet za uzajamno jamstvo između nas. Slaganje o uzajamnom jamstvu omogućit će bogatijima da učine potrebne ustupke kako bi pomogli drugima i načine ispravke u ekonomiji koji će temeljito riješiti probleme siromaštva.

Neka sredstva za popravljanje neravnoteže doći će iz državnih proračuna, što će biti odraz promjene u socioekonomskim prioritetima. Međutim, glavni dio novca doći će iz novih izvora, koje će stvoriti prijelaz s prekomjernog konzumerizma na razumnu potrošnju. Taj će prijelaz biti odraz promjene s individualističke, kompetitivne ekonomije na kolaborativnu, skladnu ekonomiju koja slijedi zakone globalnog, integralnog svijeta.

Istovremeno moramo steći osnovne životne vještine i pokrenuti edukaciju potrošača kako bismo se osposobili za neovisan, uravnotežen način života u novome svijetu. Kombiniranje trenutačnih ekonomskih i financijskih rješenja s ispravnom edukacijom potrošača djelovat će kao „reanimacija" za pojedince s nižim primanjima u društvu. Ujedno će stvoriti zajedničku osnovu potrebnu za usvajanje uzajamnog jamstva kao društvenog i ekonomskog ugovora, povezujući nas sve zajedno sukladno zakonima globalno-integralnog svijeta.

PREMA NOVOJ EKONOMIJI POD KIŠOBRANOM UZAJAMNOG JAMSTVA

Lako je opisati poboljšani socioekonomski sustav na kraju tog procesa transformacije, prema kojem nas ova kriza vuče. Neadekvatnost sadašnjih ekonomskih sustava u globalnoj mreži te sve veća osobna i politička međuovisnost pravi su razlozi eskalacije globalne krize. Kad donositelji odluka i vodeći ekonomisti shvate da su to temeljni problemi, rješenje će postati očigledno, premda ćemo i dalje trebati promijeniti međusobne odnose u odnose uzajamnog jamstva. Nakon što to postignemo, moći ćemo prijeći na novu ekonomiju, onu koja odražava taj pomak u idejama i vrijednostima u svijetu.

Pod kišobranom uzajamnog jamstva i ekonomija i ljudsko društvo bit će u skladu s globalnom povezanom mrežom. Umjesto da „plovimo protiv vjetra" i gubimo energiju i resurse na održavanje ekonomske metode koja ne uspijeva, stvorit će se nova ekonomija, uravnotežena i stabilna, oslonjena na solidnu društvenu koheziju na svim razinama, ekspanzivnu međunarodnu suradnju, uravnoteženu potrošnju i stabilna financijska tržišta. Bit će to velik korak naprijed u odnosu na sadašnja financijska tržišta, koja stvaraju destruktivne mjehure svakih 5 do 7 godina.

PREDNOSTI EKONOMIJE UZAJAMNOG JAMSTVA

Mnogo je prednosti u ekonomiji koja se temelji na uzajamnom jamstvu. Nastojeći se čvrsto držati postojećeg ekonomskog modela koji propada i ublažiti probleme koji neposredno slijede financijskoj krizi, otežavamo si razumijevanje golemog potencijala ekonomije uzajamnog jamstva. Ako zamislimo da se već nalazimo u stanju uzajamnog jamstva, moći ćemo uvidjeti njegove brojne prednosti:

1) **Pravedan i dobar životni standard za sve:** ekonomska politika zasnovana na uzajamnom poštovanju pomoći će nam da raspodijelimo potrebna javna sredstva tako da se niže klase izdignu iznad praga siromaštva. Istovremeno će radionice, obuka u životnim vještinama i potrošačkoj kulturi pomoći ljudima da steknu financijsku neovisnost. Življenje iznad vlastitih mogućnosti i prekomjerna potrošnja postali su globalni problem koji je potrebno riješiti.[9899]

2) **Smanjivanje životnih troškova:** Kad pohlepa više ne bude temelj naših ekonomskih odnosa, kad svatko od nas bude zadovoljan razumnim profitom umjesto da teži maksimiziranju svog

profita na račun drugih, cijene proizvoda i usluga past će gotovo na iznos troškova proizvodnje. Danas su cijene mnogih roba i usluga previsoke jer svaka karika u trgovačkom lancu nastoji ostvariti što je moguće veću dobit. Veličanje vrijednosti uzajamnog jamstva u javnom diskursu nagnat će tvrtke da u svoje jednadžbe uvrste i dobrobit javnosti. Život će nam tako svima postati povoljniji.

Prvi znakovi pokreta smanjivanja cijena već se pojavljuju. Proizvođači doista smanjuju cijene proizvoda i usluga zbog društvenih nemira. Za sada su to promjenljivi, povremeni, manji i prolazni popusti, ali trend je jasan. Kad budemo prešli na relativno uravnotežen uzorak potrošnje, smanjit će se i potražnja i cijene.

Usto, smanjivanje životnih troškova smanjit će nejednakost i društveni jaz, što je jedna od primarnih prednosti ekonomije uzajamnog jamstva.

3) **Smanjivanje društvenog jaza:** Jedna od glavnih boljki sadašnje globalne ekonomije konstantno je povećavanje nejednakosti. To je primarni pokretač nemira širom svijeta, u kojima se zahtijeva društvena pravda. Kad se jedni prema drugima budemo ophodili kao prema članovima obitelji, nećemo trpjeti nejednakost mogućnosti ni sredstava ni između nas, niti bilo gdje u svijetu. Umjesto nemira i straha od revolucije i nasilja, ekonomija uzajamnog jamstva urodit

će općenitom slogom jer će se ekonomski jaz smanjiti, a stabilnost sustava povećati.

Smanjivanje nejednakosti podrazumijeva, uz ostalo, ekonomske i društvene ustupke od strane onih koji najviše zarađuju. Obrazovanje, utjecaj okoline i učinkovit komunikacijski mehanizam – poput okruglog stola – zajamčit će da se do svih odluka dolazi transparentno i pošteno i odražavat će društveni i ekonomski konsenzus – koji je imperativ za uzajamno jamstvo. Za svoje ustupke općem dobru, oni koji ih budu činili bit će zauzvrat nagrađeni javnim priznanjem za svoje doprinose. Osim toga, oni koji budu primali pomoć i resurse moći će uživati u boljem, dostojanstvenijem životu. I oni će cijeniti novu metodu.

4) **Prava, temeljita reforma proračuna:** Jedino što u svakom pojedincu unutar društva može stvoriti osjećaj društvene pravde i uzajamnog jamstva jest vjerovanje da smo svi u istom čamcu i da moramo raditi zajedno. Za to će biti potrebna pravednija metoda određivanja prioriteta u državnom proračunu, do koje se dolazi putem općeg konsenzusa, a ne prepirki lobista i grupa za pritisak.

Ekonomija kojom se upravlja transparentno svima će omogućiti da shvate kako se dolazi do odluka, te će pomoći ljudima da na njih utječu. Kad osjećamo partnerstvo i uključenost, više nemamo negativnih emocija, poput frustracije koju trenutačno osjećamo prema političarima. Smanjivanje negativnosti omogućit će ljudima da se slože s odlukama koje donose oni koji odlučuju i da ih podrže, čak i kad neki njihovi izbori nisu popularni. Zadovoljstvo djelovanja poput obitelji koja donosi odluke za okruglim stolom potaknut će nas na to da jedni drugima činimo ustupke.

5) **Povećavanje financijskog „kolača":** Kad bi se svaki građanin, svaka tvrtka i svaki vladin ured osjećali kao dio globalne obitelji, pojavili bi se mnogi viškovi u novcu, robama i uslugama, državnim i općinskim proračunima, pa čak i u našim osobnim proračunima. Razmislite o tome koliko kod kuće imamo stvari koje nikad ne rabimo. Svoje viškove hrane i odjeće možemo dati siromašnima, a financijske viškove možemo upotrijebiti za pokrivanje značajnog dijela tekućih potreba drugih. Za to čak neće biti potrebno povećavati proračunski deficit ni nametati mjere štednje ili poreze.

Međutim, ne želimo reći da je rješenje u milostinji, premda je milostinja divan izraz solidnog života u zajednici i uzajamne pomoći. Mi zapravo govorimo o učinkovitosti. Primjerice, prema CNN-ovu izvještaju, svake se godine u svijetu baci ili propadne 30% proizvedene hrane. To je približno 1,3 milijarde tona, sudeći prema izvještaju UN-ove Organizacije za hranu i poljoprivredu (*U.N. Food and Agriculture Organization*).[100]

Zašto zemlje u kojima je glad stvaran problem ne mogu dobiti taj višak? Odgovor je, jednom riječju, „interesi". Distribuiranje viškova hrane znači povećavanje ponude, što bi dovelo do nižih cijena. To bi pak smanjilo profite proizvođača hrane i trgovaca njome. U ekonomiji zasnovanoj na uzajamnom jamstvu, takva bi situacija bila nemoguća. Kako možemo bacati hranu kad članovi naše obitelji umiru od gladi?

To je samo jedan primjer. Više primjera prednosti ekonomije uzajamnog jamstva možete pronaći u poglavlju „Viškovi i poboljšavanje dobrobiti javnosti" u *Prednosti nove ekonomije*.

6) **Poboljšavanje odnosa poslodavac – zaposleni i poduzeće – vlada:** Istraživanja bihevioralne psihologije upućuju na to da bogati ljudi traže poštovanje, a ne novac.[101] Ipak, današnja poduzeća i izvršni direktori procjenjuju se na osnovi njihova profita i dobiti. Veći profit znači viši rang u ocjenjivanju poduzeća ili pojavljivanje na popisu „najuspješnijih izvršnih direktora godine."

Možda je najbolji primjer tog uskog, sebičnog načina razmišljanja usmjerenog na maksimiziranje profita, tržište rada u SAD-u. Unatoč tomu što ekonomija raste, na američkom tržištu rada ne pojavljuje se više poslova, a razlog je taj što je poduzećima draže povećavati prekovremene sate svojim radnicima ili prebacivati radnike primljene na pola radnog vremena na puno radno vrijeme, umjesto da zaposle nove ljude.

Danas se takav način razmišljanja smatra logičnim. No u ekonomiji vođenoj načelom uzajamnog jamstva, vrijednosti će biti takve da će veći broj ljudi moći dijeliti ekonomski prosperitet, a ne da manji broj ljudi dijeli više profita. Do sličnih poboljšanja doći će i u odnosima poduzeća s vladama i poreznim vlastima, što će uroditi poštenijim porezima i smanjivanjem utaja poreza.

7) **Stabilnost i dugoročna rješenja:** Nova ekonomija temeljit će se na vrijednostima uzajamnog jamstva, pa će samim time biti dosljedna današnjoj globalnoj međuovisnosti. Takva ekonomska metoda, u skladu i ravnoteži s globalnom i integralnom mrežom, bit će stabilnija i održivija od svih postojećih ekonomskih i društvenih metoda. Ona bi odgovarala svojoj okolini i bila odrazom općeg konsenzusa između svojih elemenata: ljudi, poduzeća i država. Uravnotežena ekonomija koja je prijateljska i prema čovjeku i prema Prirodi omogućila bi svakom pojedincu da živi dostojanstveno, da osjeća da je sustav osobno „prijateljski" i da dobiva dovoljno osnovnih životnih sredstava, kao i priliku da uzvrati svojim doprinosom sustavu.

8) **Sigurnost:** Prijelaz na novu ekonomiju bit će postupan. Prvo će se pojaviti dinamika promjene i nade, nov duh u društvu, osjećaj

kohezije i osobne sigurnosti. Trenutni strah od iskorištavanja prepustit će mjesto ustupcima i plemenitim gestama u određenim područjima, kao što su povoljnije cijene životnog smještaja, ugovori o radu u kojima se radnici ne eksploatiraju, jednostavnija birokracija koja stvarno služi javnom interesu, pravedne banke i dobavljači usluga koji uistinu pružaju dotičnu uslugu po razumnoj cijeni. Ukratko, ljudi će osjećati povjerenje u međusobne odnose, što je toliko potreban osjećaj u ova nesigurna vremena, a novac ga doista ne može kupiti.

9) **Istinska sreća:** Nova ekonomija u nama će stvoriti osjećaj ispunjenosti koji se ne može mjeriti novcem. Kao što je opisano u poglavlju *Prednosti nove ekonomije*, „Studije preispituju zamisao da novac znači sreću", iznad određene razine prihoda, dodatni novac ne stvara u čovjeku bolji osjećaj. Umjesto toga ljudi nalaze užitak u uspješnim odnosima, u osjećaju povjerenja i ispunjenosti. Nova ekonomija i njezine prednosti nisu prolazne, već čvrste i stabilne jer su usklađene sa zakonitostima uzajamnog jamstva. One omogućuju proces donošenja odluka koji se temelji na općem konsenzusu.

10) **Primjenjiv proces donošenja odluka:** Budući da će nova ekonomija biti transparentna, svi će vidjeti kako se donose odluke i moći će utjecati na njih. To je jedini način da se uspostavi praktičan proces donošenja odluka u kojem će ljudi osjećati

da su odluke i pravedne i nepristrane, donesene nakon razmatranja potreba *sviju*. To će ujedno poboljšati stabilnost socioekonomskog sustava.

11) **Ekonomska i financijska stabilnost:** Tržišta novca iz zajedničkog su se polja za poduzeća i ulagače pretvorila u bojno polje agresivnih globalnih igrača, čija je moć dovoljna da u svojoj potrazi za „više para" uzdrmaju i zatresu globalna tržišta, ne obazirući se pritom na ispravnost sustava. Ekonomija uzajamnog jamstva omogućit će tržištima novca da neprestano ne upadaju u financijske mjehure koji se rasprsnu pa dovedu do katastrofe u stvarnoj ekonomiji.

12) **Uravnotežena potrošnja:** Težnja prema prekomjernoj potrošnji odavno je postala ključni element u našim životima i svjetskoj ekonomiji. U ekonomiji uzajamnog jamstva, ona će postupno uzmicati pred uravnoteženom potrošnjom. Naime, taj je proces već započeo zahvaljujući sadašnjoj krizi i postupnom prijelazu s kompetitivne, rasipne i nejednake ekonomije na uravnoteženu i funkcionalnu ekonomiju, čiji je cilj zadovoljiti osnovne potrebe sviju. Reklame i ostali oblici društvenog pritiska kojima nas se uvjerava da kupujemo suvišne proizvode i usluge nestat će, kao i brojni suvišni brendovi i proizvodi. Umjesto toga, čovjekov ponos i radost potjecat će iz želje za pridonošenjem društvu i sudjelovanjem u životu zajednice u cilju općeg dobra.

Ujedno će, zbog smanjenja potražnje, cijene pasti, pa će si svi moći priuštiti razuman, dostojanstven život. Poduzeća će proizvoditi samo ono što nam je doista potrebno kako bismo živjeli udobno i uravnoteženo.

13 **Globalna ravnoteža i sklad:** Prijelaz s prekomjerne potrošnje na uravnoteženo kupovanje pokazat će da Zemlja sadrži dovoljno resursa da nas sve komotno prehranjuje još mnogo godina. Prestat će iskorištavanje prirodnih izvora i otkrit ćemo Zemljine veličanstvene mogućnosti pomlađivanja.

Stabilnost ekonomije uzajamnog jamstva temelji se na snažnoj društvenoj koheziji i uzajamnoj skrbi. Za tu stabilnost trebamo shvatiti da u doba globalizacije naša međusobna ovisnost zahtijeva od nas da prilagodimo svoje veze i svoje društvene i ekonomske sustave jedinstvenom, skladnom sustavu. On će zadovoljavati potrebe čitavog čovječanstva te podržavati i ohrabrivati svačiju potrebu da ostvari velik potencijal koji nosi iznutra.

UZAJAMNO JAMSTVO – OBRAZOVNI PROGRAM

Cijeli svijet priznaje da je obrazovanje problem i bolna tema. Nezainteresirana djeca, sve lošije ocjene, nasilje i neprilično vladanje znače da su obrazovni sustavi u mnogim zemljama postali disfunkcionalni.

Izvorište nekih od tih problema nalazi se u obrazovnom sustavu i njegovoj nesposobnosti da se prilagodi promjenama. No promjena je očigledno potrebna, osobito s obzirom na to da se malo toga promijenilo u školama od njihova začetka u davnim danima Industrijske revolucije, prije nekih 200 godina. Prenatrpane učionice, djeca u klupama, primorana da dugo vremena mirno sjede, kratki odmori i goleme količine beskorisnih informacija koje treba pamtiti još su uvijek norma. U danima kad su škole prvobitno nastale, postojala je stvarna potreba da se mase radnika osposobe za rad na tekućim vrpcama.

Stoga je trenutačna struktura škola odraz vrlo uske perspektive gledanja na koncept obrazovanja. Enciklopedija Britannica, međutim, definira obrazovanje na sljedeći način: „Obrazovanje se može smatrati prijenosom vrijednosti i akumuliranog znanja nekog društva. U tom smislu, ono je ekvivalentno onome što društveni znanstvenici nazivaju socijalizacijom ili enkulturacijom. Djeca – bilo da su začeta među urođenicima s Nove Gvineje, renesansnim Firentincima ili u srednjoj klasi na Manhattanu – rađaju se bez kulture. Svrha je obrazovanja da ih vodi u usvajanju kulture, oblikuje njihovo ponašanje u skladu s običajima odraslih i usmjerava ih prema njihovoj konačnoj ulozi u društvu."[102]

No današnje škole teže samo tomu da opreme učenike alatima kojima će nastaviti školovanje na sveučilištima i fakultetima. Škole *ne* obrazuju u punom smislu riječi.

Obrazovanje, onako kako je netom opisano, nije samo čin pružanja znanja. Ono je proces oblikovanja ličnosti i ponašanja svakoga od nas. Zapravo, suština obrazovanja jest naučiti učenika kako da se nosi sa životom i uspije u njemu. Škola u kojoj se uči samo kako se pamte informacije irelevantna je u današnjoj stvarnosti.

U svjetlu svega navedenog shvatili smo da moramo temeljito promijeniti obrazovnu paradigmu. Moramo preispitati izazove koje nam postavlja suvremeni svijet i vidjeti obrađuje li ih obrazovanje koje trenutačno pružamo na odgovarajući način.

U današnjoj stvarnosti naš je svijet društveno, politički i ekonomski postao globalno selo. Od trenutka kad smo se povezali jedni s drugima, izgubili smo mogućnost da nastavimo živjeti svoje živote sukladno vrijednostima narcizma i neobazrivosti prema drugima. Te su vrijednosti možda bile korisne u starom, individualističkom, egocentričnom svijetu, ali od trenutka kad se čovječanstvo pretvorilo u integralni, globalni sustav, pravila su se izjednačila s onima što se primjenjuju u svim integralnim sustavima u Prirodi.

Ljudsko tijelo jedan je primjer takvog integralnog sustava. U našim tijelima, suradnja i sklad (poznati kao homeostaza) između stanica i organa omogućuju tijelu održavanje dobrog zdravlja. Da ostanemo zdravi, svaka stanica i organ funkcioniraju u skladu s interesima čitava organizma. Sklad između stanica čini od zdravoga tijela zadivljujući stroj koji ono jest, a zdravlje tijela zauzvrat pridonosi zdravlju svake pojedine stanice.

Način na koji stanice u našem tijelu funkcioniraju primjer je zakonitosti uzajamnog jamstva i recipročnosti, koja vrijedi za sve multilateralne veze u Prirodi. Naime, održivost sustava ovisi o recipročnim odnosima između elemenata od kojih se on sastoji.

Stoga naše djelovanje, sve dok se i dalje budemo jedni prema drugima odnosili egoistično, u kontrastu prema svijetu koji je postao integralan, neće biti u skladu sa zakonima Prirode. Čineći tako, nalikujemo stanicama koje su dio organizma, ali konzumiraju samo za sebe. U primjeru ljudskog tijela, posljedica takvih stanica jest zloćudni tumor. U primjeru čovječanstva, posljedica je višeslojna, višestruka globalna kriza.

Da riješimo tu krizu moramo podesiti svoju mrežu povezanosti i uistinu je učiniti globalnom. Svaka osoba mora prepoznati prirodu svijeta u kojem živimo i shvatiti da u 21. stoljeću osobni život čovjeka ovisi o njegovu stavu prema drugima. Stoga moramo obrazovati ljude tako da postanu osjetljivi prema drugima, da mare i da odgovorno pristupaju svijetu.

Iz toga slijedi da je svijetu u 21. stoljeću potrebno nešto više od ekonomskog ili političkog rješenja za njegove probleme. Kao prvo i osnovno, potrebno mu je obrazovno rješenje.

Brojne studije i knjige već su ustvrdile da je najvažniji element u oblikovanju ličnosti mlade osobe njezino okruženje.[103] Dakle, uistinu „obrazovati" dijete znači smjestiti ga u ispravno okruženje, ono koje je sklono pozitivnim rezultatima i pravim vrijednostima. Da odgojimo generaciju koja će stati nakraj krizama koje svijet sada doživljava, moramo stvoriti drugačije društveno okruženje za našu djecu.

Od malih nogu djeca trebaju rasti sa spoznajom da je egoizam, želja za uživanjem na tuđi račun, primarni uzrok patnje u svijetu odraslih. Istovremeno moramo pokazati djeci - pomoću raznih nastavnih pomagala - da odnosi koji se temelje na uzajamnom obziru, toleranciji i razumijevanju potiču sklad i postojanost života.

DESET KLJUČNIH NAČELA GLOBALNOG OBRAZOVANJA

1) **Društveno okruženje izgrađuje osobu:** Društveno okruženje glavni je element koji utječe na djecu. Stoga među njima moramo stvoriti „minijaturno društvo", u kojem svi brinu za sve ostale. Dijete koje raste u takvu okruženju ne samo što će napredovati i uspijevati u izražavanju vlastita kreativnog potencijala, nego će usto životu pristupati s osjećajem svrhe i sa željom da izgradi slično društvo u izvanškolskom okruženju.

2) **Osobni primjer:** Djeca uče iz primjera koje im pružamo, kako uživo – od obrazovnih radnika i od roditelja – tako i putem medija i drugih javnih sadržaja kojima su izložena.

3) **Jednakost:** U procesu učenja ne bi trebalo biti učitelja, nego odgajatelja. Premda je odgajatelj stariji, djeca će ga, ili ju, doživljavati kao „jednoga od njih", kao vršnjaka. Na taj način odgajatelj može postupno „podizati" djecu u svim aspektima poduke – informacijskom, kao i moralnom i društvenom. Tako će, primjerice, u razredu djeca i odgajatelji sjediti u krugu i razgovarati, a svi će se tretirati jednako.

4) **Podučavanje kroz igre:** Kroz igre djeca rastu, uče i produbljuju razumijevanje povezanosti između stvari. Igra je način na koji djeca upoznaju svijet. Naime, djeca ne uče riječi tako da ih čuju. Ona zapravo uče putem *iskustva*. Stoga je nužno primjenjivati igre kao primarnu metodu rada s djecom. Igre bi trebale biti osmišljene tako da djeca uvide da ne mogu uspjeti sama, nego samo uz pomoć drugih, da moraju činiti ustupke drugima kako bi uspjela i da im dobro društveno okruženje može činiti samo dobro.

5) **Tjedni izleti:** Svaki tjedan djeca bi na jedan dan trebala iz škole otići na neko mjesto u prirodi ili negdje drugdje, ovisno o dobi djece. Ta mjesta mogu biti parkovi, zoološki vrtovi, tvornice, imanja, filmski studiji ili kazališta. Osim toga, djecu bi trebalo naučiti kako funkcioniraju

sustavi koji utječu na naš život, poput policije, pošte, bolnica, vlade, domova za stare i nemoćne i bilo kojeg drugog mjesta na kojem djeca mogu naučiti nešto o procesima koji su dio našeg života. Prije, za vrijeme i nakon tih izleta treba voditi diskusije vezane uz ono što će se vidjeti, uz njihov doživljaj toga u usporedbi s onime što su očekivali, uz njihove zaključke i tako dalje.

6) **Stariji podučavaju mlađe:** Grupe starije dobi „usvojit" će mlađe grupe, dok će mlađe grupe biti tutori još mlađima. Na taj način svi će osjećati da su dio procesa učenja i stjecati vještine potrebne za komuniciranje s drugima.

7) **Mali sud:** U sklopu procesa učenja djeca trebaju glumiti situacije na koje nailaze u svakodnevnom životu: zavist, borbe za moć, prijevare i tako dalje. Nakon što ih odglume, trebala bi ih pokušati pomno istražiti. Kroz takva iskustva djeca će naučiti razumjeti i osjećati druge. Spoznat će da i drugi mogu biti u pravu, čak i ako ona za sada ne mogu prihvatiti njihove svjetonazore. Shvatit će da bi se sutra i sama mogla naći u sličnoj situaciji, da svaka osoba i svaki svjetonazor imaju svoje mjesto na svijetu, te da se prema svakome treba ophoditi tolerantno.

8) **Snimanje aktivnosti kamerom:** Preporuča se da se sve aktivnosti snimaju videokamerom radi kasnijeg gledanja i analiziranja zajedno s djecom. Na taj način djeca će moći vidjeti kako su reagirala ili se ponašala u određenim

situacijama. Moći će analizirati promjene kroz koje prolaze i razviti sposobnost introspekcije.

9) **Male grupe s nekoliko odgajatelja:** Snažno se preporuča da svaka grupa od 10 učenika ima tim od dva odgajatelja i osobe za profesionalnu podršku (psihologa).

10) **Roditeljska podrška:** Roditelji moraju podržavati obrazovni proces koji se odvija u školi. S djecom trebaju razgovarati o važnosti vrijednosti koje se uče u školi, vlastitim ponašanjem davati osobni primjer za te vrijednosti i potpuno izbjegavati ulijevanje drugačijih vrijednosti. Kako bi se to olakšalo, trebali bi postojati i tečajevi za roditelje.

SURADNJA S UNESCO-m

Ovu metodu globalnog obrazovanja toplo je prihvatila glavna ravnateljica UNESCO-a, gđa Irina Bokova. UNESCO i ARI trenutačno zajedno rade na knjizi o globalnom obrazovanju, a nizovi međunarodnih konferencija i sastanaka već se odvijaju i u planu su za budućnost.

BILJEŠKE

1 Obraćanje Christine Lagarde, čelnice Međunarodnog monetarnog fonda, Međunarodnom financijskom forumu 2011 u Pekingu, 9. studenog 2011 (http://www.imf.org/external/np/speeches/2011/110911.htm)

2 Gordon Brown govori na Gradonačelnikovu banketu: http://www.labour.org.uk/lord_mayors_banquet

3 D'Vera Cohn, Jeffrey Passel, Wendy Wang i Gretchen Livingston, "Barely Half of U.S. Adults Are Married – A Record Low," Pew Research Center, 14. prosinac 2011), http://www.pewsocialtrends.org/2011/12/14/barely-half-of-u-s-adults-are-married-a-recordlow/?src=prc-headline

4 "National survey shows a rise in illicit drug use from 2008 to 2010," SAMHSA News Release 9. kolovoz 2011), http://www.samhsa.gov/newsroom/advisories/1109075503.aspx

5 Albert R. Hunt, "A Country of Inmates," The New York Times (20. studeni 2011), http://www.nytimes.com/2011/11/21/us/21iht-letter21.html?pagewanted=all&_r=0

6 Nicholas D. Kristof, "Our Broken Escalator," The New York Times (16. srpnja 2011), http://www.nytimes.com/2011/07/17/opinion/sunday/17kristof.html?_r=2

7 Richard Vedder i Matthew Denhart, "Why does college cost so much?" CNN (2. prosinca 2011), http://edition.cnn.com/2011/12/02/opinion/vedder-college-costs/index.html

8 National Rifle Association Institute for Legislative Action, "Firearm Fact Card 2011," http://www.nraila.org/Issues/FactSheets/Read.aspx?ID=83

9 Carol Cratty, "Gun sales at record levels, according to FBI back ground checks," CNN (28. prosinca 2011), http://edition.cnn.com/2011/12/27/us/record-gun-sales/index.html

10 Kate Kelland, "Nearly 40 Percent of Europeans Suffer Mental Illness," Reuters (September 4, 2011), http://www.reuters.com/article/2011/09/04/us-europe-mental-illness-idUSTRE7832JJ20110904

11 Toby Helm, "Most Britons believe children will have worse lives than their parents – poll," The Guardian (3. prosinca 2011), http://www.guardian.co.uk/society/2011/dec/03/britons-children-lives-parents-poll

12 Scott Hamilton, "Roubini: Slowdown Brings Forward New Crisis," Bloomberg (6. rujna 2011), http://www.bloomberg.com/news/2011-09-06/roubini-says-global-economic-slowdown-accelerating-next-financial-crisis.htm

13 Michael Babad, "George Soros: 'We are on the verge of an economic collapse,'" The Globe and Mail (27. lipnja 2011), http://www.theglobeandmail.com/report-on-business/top-business-stories/george-soros-we-are-on-the-verge-of-an-economic-collapse/article2076789/

14 James Kirkup, "World facing worst financial crisis in history, Bank of England Governor says," The Telegraph (October 6, 2011), http://www.telegraph.co.uk/finance/financialcrisis/8812260/World-facing-worst-financial-crisis-in-history-Bank-of-England-Governor-says.html

15 Ian Goldin, "Navigating our global future," TED (listopad 2009), http://www.ted.com/talks/ian_goldin_navigating_our_global_future.html

16 Fareed Zakaria, "Get Out the Wallets: The world needs Americans to spend, Newsweek (August 1, 2009), http://www.newsweek.com/2009/07/31/get-out-the-wallets.html

17 "U.S. Debt Reaches 100 Percent of Country's GDP," Fox News (4 kolovoza 2011), http://www.foxnews.com/politics/2011/08/04/us-debt-reaches-100-percent-countrys-gdp/#ixzz1jlhe6Qly

18 "The Debt to the Penny and Who Holds It," Treasury Direct, http://www.treasurydirect.gov/NP/NPGateway

19 Tim Jackson, "Tim Jackson's economic reality check" TED (listopad 2010), http://www.ted.com/talks/lang/en/tim_jackson_s_economic_reality_check.html (min. 06:59)

20 Anthony Giddens, Runaway World: How Globalization is Reshaping Our Lives (N.Y., Routledge, 2003), 6-7.

21 Javier Solana i Daniel Innerarity, "The New Grammar of Power," Project Syndicate (1. srpnja 2011), http://www.project-syndicate.org/commentary/solana10/English)

22 Ludger Kühnhardt "A Call for the United States to Rediscover Its Ideals," The Globalist (May 24, 2011), http://www.theglobalist.com/storyid.aspx?StoryId=9149

23 Pascal Lamy "Lamy underlines need for 'unity in our global diversity,'" World Trade Organization (WTO) (14. lipnja 2011), http://www.wto.org/english/news_e/sppl_e/sppl194_e.htm

24 Gregory Rodriguez, "Rodriguez: Zero-sum games in an interconnected world," Los Angeles Times (August 1, 2011), http://articles.latimes.com/2011/aug/01/opinion/la-oe-rodriguez-zerosum-20110801

25 L'Oeil de La Lettre, "'Think We, Not Me or I'–The Dalai Lama," La Lettre, http://lejournaldelaphotographie.com/entries/think-we-not-me-or-i-the-dalai-lama

26 Alice Calaprice, *The New Quotable Einstein* (USA: Princeton University Press, 2005), 206

27 Informacija preuzeta iz MIT-ova Opservatorija Haystack, www.haystack.mit.edu/edu/pcr/.../3%20.../nuclear%20synthesis.pdf

28 Werner Heisenberg, citiran od strane Ruth Nande Anshen u Biography of an Idea (Moyer Bell, 1987), 224

29 G. Tyler Miller, Scott Spoolman, Living in the Environment: Principles, Connections, and Solutions, 16. izdanje (U.S.A., Brooks/Cole, 24. rujna 2008), 15

30 Jean M. Twenge i W. Keith Campbell, The Narcissism Epidemic: Living in the Age of Entitlement (New York: Free Press, A Division of Simon & Schuster, Inc. 2009), 78

31 Jean M. Twenge i W. Keith Campbell, The Narcissism Epidemic, 1

32 Jean M. Twenge i W. Keith Campbell, The Narcissism Epidemic, 1-2

33 Fiona Harvey, "World headed for irreversible climate change in five years, IEA warns," The Guardian (9. studenog 2011), http://www.guardian.co.uk/environment/2011/nov/09/fossil-fuel-infrastructureclimate-change

34 e360 digest, "Extreme Weather Events Likely Linked to Warming, IPCC Says" (November 1, 2011), http://e360.yale.edu/digest/extreme_weather_events_likely_linked_to_warming_ipcc_says/3195/

35 "Fishing, Why It Matters, WWF, http://www.worldwildlife.org/what/globalmarkets/fishing/whyitmatters.html

36 Ian Sample, "Global food crisis looms as climate change and population growth strip fertile land" (The Guardian, 31, kolovoza 2007), http://www.guardian.co.uk/environment/2007/aug/31/climatechange.food

37 "Water, Sanitation and Hygiene," UNICEF 21. prosinca 2011), http://www.unicef.org/wash/

38 Lester R. Brown, World on the Edge: How to Prevent Environmental and Economic Collapse (USA, W. W. Norton & Company, 6. siječnja, 2011), 16

39 Matthew Lee, "Hillary Clinton Raises Alarm on Rising Food Prices," Associated Press (6. svibnja 2011), objavljeno na cnsnews.com, http://cnsnews.com/news/article/clinton-raises-alarm-rising-food-prices

40 Ramy Inocencio, "World wastes 30% of all food," CNN (May 13,2011), http://business.blogs.cnn.com/2011/05/13/30-of-all-worlds-food-goes-to-waste/

41 "Ethics And The Global Financial Crisis," intervju s Michelom Camdessusom, prenesen na YouTube od strane romereports (1. travnja 2009), http://www.youtube.com/watch?v=M3q8XFLDWlg

42 Steve Connor, "Warning: Oil supplies are running out fast," The Independent (3. kolovoza 2009), http://www.independent.co.uk/news/science/warning-oil-supplies-are-running-out-fast-1766585.html

43 Citirano u: Laszlo Solymar, Donald Walsh, Lectures on the electrical properties of materials, "Introduction" (UK, Oxford University Press, 1993), xiii

44 Martin Luther King, Jr. "Facing the Challenge of a New Age" (prosinac 1956), http://www.libertynet.org/edcivic/king.html

45 Nicholas A. Christakis, James H. Fowler, Connected: The Surprising Power of Our Social Networks and How They Shape Our Lives -- How Your Friends' Friends' Friends Affect Everything You Feel,Think, and Do (USA, Little, Brown and Company, 12. siječnja 2011), 305

46 Maria Konnikova, "Lessons from Sherlock Holmes: The Power of Public Opinion," Scientific American, "Blogs" (13. rujna, 2011), http://blogs.scientificamerican.com/guest-blog/2011/09/13/lessons-from-sherlock-holmes-the-power-of-public-opinion/

47 Kavita Abraham Dowsing, PhD, i James Deane, "The Power of Public Discourse", http://wbi.worldbank.org/wbi/devoutreach/article/1298/power-public-discourse

48 Source: Saul Mcleod, "Asch Experiment," Simply Psychology, 2008, http://www.simplypsychology.org/asch-conformity.html

49 "Thanks for the Memories", eksperiment s lažnim sjećanjima koji su proveli prof. Yadin Dudai i Micah Edelson s Neurobiološkog odjela Instituta, zajedno s prof. Raymondom Dolanom i Dr. Tali Sharot s University College London (objavljeno 29. kolovoza 2011), http://wis-wander.weizmann.ac.il/thanks-for-the-memories

50 Erich Fromm, *Umijeće ljubavi* (Zagreb, Naprijed, 1980), 19

51 Eryn Brown, "Violent video games and changes in the brain", Los Angeles Times (30. studeni, 2011), http://www.latimes.com/health/boostershots/la-heb-violent-videogamebrain-20111130,0,6877853.story

52 Nakon napada jednog Norvežanina na svoje sunarodnjake 22. srpnja 2011: "Report: Norwegian Retailer Pulls Violent Games In Wake Of Attack," DigiPen Institute of Technology (29. srpnja 2011), http://www.gamecareerguide.com/industry_news/36185/report_norwegian_retailer_pulls_.php

53 David Jenkins, "Mass Shooting In Germany Prompts Retailer To Drop Mature-Rated Games," Gamasutra (20. ožujka 2009), http://www.gamasutra.com/news/production/?story=22839

54 University of Michigan Health System, "Television and Children," http://www.med.umich.edu/yourchild/topics/tv.htm

55 Martin Buber, A Nation and a World: Essays on current events, prijevod s hebrejskog: Chaim Ratz (Israel, Zionistic Library Publications, 1964), 220

56 George Monbiot, "The British boarding school remains a bastion of cruelty," The Guardian (16. siječnja 2012), http://www.guardian.co.uk/commentisfree/2012/jan/16/boarding-school-bastion-cruelty. Napomena: Premda se u ovom članku radi o problemima u školama u Ujedinjenom Kraljevstvu, podaci koje navodi o stanju u teksaškim školama zbog toga nisu ništa manje zastrašujući.

57 Victoria Burnett, "A Job and No Mortgage for All in a Spanish Town," The New York Times (25. svibnja 2009), http://www.nytimes.com/2009/05/26/world/europe/26spain.html?pagewanted=all

58 Andy Sernovitz, Word of Mouth Marketing: How Smart Companies Get People Talking, Revised Edition, (U.S.A. Kaplan Press, 3. veljače 2009), 4

59 Clive Thompson, "Are Your Friends Making You Fat?", The New York Times (10. rujna 2009), http://www.nytimes.com/2009/09/13/magazine/13contagion-t.html?_r=1&th&emc=th

60 (ibid.)

61 (ibid.)

62 (ibid.)

63 "Nicholas Christakis: The hidden influence of social networks" (govor, citat preuzet iz minute 17:11), TED 2010, http://www.ted.com/talks/nicholas_christakis_the_hidden_influence_of_social_networks.html

64 "ILO warns of major G20 labour market decline in 2012 and serious jobs shortfall by 2015," International Labor Organization (ILO) (26. rujna 2011), http://www.ilo.org/global/about-the-ilo/newsroom/news/WCMS_163835/lang--en/index.htm

65 Daniel Woolls, "Spain's Unemployment Rate Hits New Eurozone Record Of 21.3 Percent," The Huffington Post (29. travnja 2011), http://www.huffingtonpost.com/2011/04/29/span-unemploymentinflation-economy-debt_n_855341.html

66 "Employment Situation Summary," Bureau of Labor Statistics (6. siječnja, 2012), www.bls.gov/news.release/empsit.nr0.htm

67 Felix Salmon, "The global youth unemployment crisis," Reuters (22. prosinca, 2011), http://blogs.reuters.com/felix-salmon/2011/12/22/the-global-youth-unemployment-crisis/

68 Ulrich Beck, The Brave New World of Work (USA, Polity, 1 edition, 15. siječnja 2000), 2

69 Thomas L. Friedman, "The Earth is Full," The New York Times (7. lipnja 2011), http://www.nytimes.com/2011/06/08/opinion/08friedman.html?scp=1&sq=the%20earth%20is%20full%20thomas%20friedman&st=cse

70 Adir Cohen, The gate of light: Janusz Korczak, the educator and writer who overcame the Holocaust (USA, Fairleigh Dickinson Univ-Press, 1. prosinca 1994), 31

71 David W. Johnson i Roger T. Johnson, "An Educational Psychology Success Story: Social Interdependence Theory and Cooperative Learning," Educational Researcher 38 (2009): 365, doi: 10.3102/0013189X09339057

72 Johnson i Johnson, "Educational Psychology Success Story," 368

73 Johnson i Johnson, "Educational Psychology Success Story," 371

74 (ibid.)

75 Za više informacija o obrazovanju pogledajte Dodatak 1: Uzajamno jamstvo – obrazovni program

76 Christine Lagarde, "The Path Forward—Act Now and Act Together," International Monetary Fund (IMF) (23. rujna 2011), http://www.imf.org/external/np/speeches/2011/092311.htm

77 "Minority Rules: Scientists Discover Tipping Point for the Spread of Ideas," SCNARC (26. srpnja 2011), http://scnarc.rpi.edu/content/minority-rules-scientists-discover-tipping-point-spread-ideas

78 Preuzeto iz "The Oneness of Mind," kao što je prevedeno u Quantum Questions: Mystical Writings of the World's Great Physicists, urednik Ken Wilber (SAD, Shambhala Publications, Inc., revidirano izdanje, 10. travnja 2001), 87

79 Mohamed A. El-Erian, "The Anatomy of Global Economic Uncertainty," Project Syndicate (18. studenog 2011), http://www.project-syndicate.org/commentary/elerian11/English

80 Albert Einstein, Alice Calaprice i Freeman Dyson, The Ultimate Quotable Einstein (USA, Princeton University Press, 11.listopad 2010), 476

81 Efrat Peretz, "We Must Prepare for a World of Equal Revenue Sharing," preveo Chaim Ratz, Globes (18.listopad 2011), http://www.globes.co.il/news/article.aspx?QUID=1057,U1319062129813&did=1000691044

82 Dr. Joseph E. Stiglitz, "Imagining an Economics that Works: Crisis, Contagion and the Need for a New Paradigm," The New Palgrave Dictionary of Economics Online (min 1:36), http://www.dictionaryofeconomics.com/resources/news_lindau_meeting

83 "Fischer on Fed's Toolbox," CNBC Video (25. kolovoza 2011), http://video.cnbc.com/gallery/?video=3000041703#eyJ2aWQiOiIzMDAwMDQxNzAzIiwiZW5jVmlkIjoiZ2FJT0RCZmJpdmhYQzZZNUxTNTZwdz09IiwidlRhYiI6ImluZm8iLCJ2UGFnZSI6MSwiZ05hdiI6WyLCoExhdGVzdCBWaWRlbyJdLCJnU2VjdCI6IkFMTCIsImdQYWdlIjoiMSIsInN5bSI6IiIsInNlYXJjaCI6IiJ9 (min 2:50)

84 Hal R. Arkes and Catherine Blumer, "The Psychology of Sunk Cost," Organizational Behavior and Human Decision Processes 35, 124-140 (1985), http://www.google.com/url?sa=t&rct=j&q=&esrc=s&source=web&cd=1&sqi=2&ved=0CCUQFjAA&url=http%3A%2F%2Fcommonsenseatheism.com%2Fwp-content%2Fuploads%2F2011%2F09%2FArkes-Blumer-The-psychology-of-sunk-cost.pdf&ei=Uy4cT8v1KdDsOci89JkL&usg=AFQjCNFE8XVozdwg8RW_kdmY2LfgvVMDZQ&sig2=2NzX5HvZjbct06MbtqPqXw

85 Richard McGill Murphy, "Why Doing Good Is Good for Business," CNN Money (2. veljače 2010), http://money.cnn.com/2010/02/01/news/companies/dov_seidman_lrn.fortune/

86 CNN Wire Staff, "Tear gas flies during Chilean student protests," CNN (9. kolovoz 2011), http://edition.cnn.com/2011/WORLD/americas/08/09/chile.protests/index.html

87 J. David Goodman, "At Least 80 Dead in Norway Shooting," The New York Times (22 lipnja. 2011), http://www.nytimes.com/2011/07/23/world/europe/23oslo.html?pagewanted=all

88 Thomas L. Friedman, "A Theory of Everything (Sort Of)," The York Times (13. kolovoza 2011), http://www.nytimes.com/2011/08/14/opinion/sunday/Friedman-a-theory-of-everyting-sort-of.html?_r=1

89 David W. Johnson and Roger T. Johnson, "An Educational Psychology Success Story: Social Interdependence Theory and Cooperative Learning," Educational Researcher 38 (2009): 365, doi: 10.3102/0013189X09339057

90 Nouriel Roubini, "ROUBINI: Ignore The Recent Economic Data — There's Still More Than A 50% Chance Of Recession," Bussiness Insider (25. listopada 2011), http://articles.businessinsider.com/2011-10-25/markets/30318837_1_double-dip-recession-eurozone-ecri

91 "Short films from the 2011 Lindau Nobel Laureate Meeting in Economic Sciences," The New Palgrave Dictionary of Economics Online, http://www.dictionaryofeconomics.com/resources/news_lindau_meeting (navedena izjava nalazi se u Stiglitzevu videu, nakon 10:05 minuta.

92 Amiel Ungar, "Polish Finance Minister Warns of War if EU Collapses," Arutz Sheva (16. rujna 2011), http://www.israelnationalnews.com/News/News.aspx/147945#.TrUbyPSArqE

93 Sebastian Boyd, "Chilean Peso Advances After Merkel Urges Firewall Around Greece," Bloomberg (26. rujna 2011), http://www.businessweek.com/news/2011-09-26/chilean-peso-advances-after-merkel-urges-firewall-around-greece.html

94 Simon Kennedy, Rich Miller i Gabi Thesing, "Pimco sees Europe sliding into recession," Financial Post (26. rujna 2011), http://business.financialpost.com/2011/09/26/pimco-sees-europe-sliding-into-recession/

95 Daniel Woolls, "Spain's Unemployment Rate Hits New Eurozone Record Of 21.3 Percent," Huffington Post (29. travnja 2011), http://www.huffingtonpost.com/2011/04/29/span-unemployment-inflationeconomy-debt_n_855341.html

96 United States Department of Labor, Bureau of Labor Statistics, www.bls.gov/news.release/empsit.nr0.htm

97 Primjeri najvrjedniji spomena možda su studije objavljene u knjizi *Povezani: Iznenađujuća moć društvenih mreža i kako one utječu na naše živote – kako prijatelji prijatelja vaših prijatelja utječu na sve što osjećate, mislite i činite*, autora dr. i dr. med. Nicholasa A. Christakisa i prof. Jamesa Fowlera:

• Christakis, N. A.; Fowler, JH (22. svibnja 2008). "Kolektivna dinamika pušenja u velikoj društvenoj mreži" (PDF). New England Journal of Medicine 358 (21): 2249–2258.

• Christakis, N. A.; Fowler, JH (26. srpnja 2007). "Širenje pretilosti u velikoj društvenoj mreži tijekom 32 godine" (PDF). New England Journal of Medicine 357 (4): 370–379

• Fowler, J. H.; Christakis, N. A (3. siječnja 2009). "Dinamičko širenje sreće u velikoj društvenoj mreži: longitudinalna 20-godišnja analiza u Studiji srčanih bolesti u Framinghamu (Framingham Heart Study)" (PDF). British Medical Journal 337 (768): a2338. doi:10.1136/bmj.a2338. PMC 2600606. PMID 19056788.

• Christakis, N. A.; Fowler, JH (26. srpnja 2007). " Širenje pretilosti u velikoj društvenoj mreži tijekom 32 godine" (PDF). New England Journal of Medicine 357 (4): 370–379

98 "Average credit card debt per household with credit card debt: $15,799." Autori: Ben Woolsey i Matt Schulz, "Credit card statistics, industry facts, debt statistics," CreditCards.com, http://www.creditcards.com/credit-card-news/credit-card-industry-facts-personaldebt-statistics-1276.php#Credit-card-debt

99 "The average British adult already owes £29,500, about 123 per cent of average earnings." By: Jeff Randall, "The debt trap time bomb," The Telegraph (31. listipada 2011), http://www.telegraph.co.uk/finance/comment/jeffrandall/8859082/The-debt-trap-time-bomb.html

100 Ramy Inocencio, "World wastes 30% of all food," CNN Business 360 (13. svibnja 2011), http://business.blogs.cnn.com/2011/05/13/30-of-all-worlds-food-goes-to-waste/

101 Tay, L., & Diener, E., "Needs and subjective well-being around the world," Journal of Personality and Social Psychology (2011), 101(2), 354-365. doi:10.1037/a0023779

102 "Education," Encyclopædia Britannica, http://www.britannica.com/EBchecked/topic/179408/education

103 Vjerojatno najistaknutiji primjer utjecaja društvene okoline na našu psihu, pa čak i na naše tjelesno zdravlje, jest knjiga *Povezani: Iznenađujuća moć društvenih mreža i kako one utječu na naše živote – kako prijatelji prijatelja vaših prijatelja utječu na sve što osjećate, mislite i činite*, autora dr. i dr. med. Nicholasa A. Christakisa, i dr. Jamesa H. Fowlera (Little, Brown and Co., 2010).

DODATNA LITERATURA

Psihologija integralnoga društva

Knjiga *The Psychology of the Integral Society* (*Psihologija integralnoga društva)* predstavlja revolucionarni pristup obrazovanju. U međusobno povezanom i međuovisnom svijetu, učiti djecu da se natječu s vršnjacima jednako je „mudro" kao i učiti vlastitu desnu ruku kako da nadmudri lijevu. Integralno društvo ono je društvo u kojem svi dijelovi pridonose dobrobiti i uspjehu tog društva. Društvo je zauzvrat odgovorno za dobrobit i uspjeh svojih članova, pa se tako stvara međuovisnost. U globaliziranom, integriranom svijetu to je jedini razumni i *održivi* način života.

U ovoj knjizi niz dijaloga između profesora Michaela Laitmana i Anatolija Uljanova rasvjetljuje načela jednog zapanjujućeg pristupa obrazovanju. Eliminacija natjecateljstva, odgajanje djece putem društvenog okruženja, vršnjačka jednakost, nagrađivanje onih koji daju te dinamično formiranje grupa i instruktora samo su neki od novih koncepata predstavljenih u ovoj knjizi. *Psihologiju integralnoga društva* moraju imati svi koji žele postati boljim roditeljima, boljim učiteljima i boljim osobama u integriranoj stvarnosti 21. stoljeća.

„Ono što je izneseno u *Psihologiji integralnoga društva* trebalo bi navesti ljude da razmisle o drugim mogućnostima. Pri rješavanju svakog teškog problema potrebno je istražiti sve perspektive. Mi trošimo toliko vremena na natjecanje i nastojanje da steknemo prednost da nam koncept jednostavnog zajedničkog rada već i sam po sebi zvuči inovativno."

Peter Croatto, ForeWord Magazine

Prednosti nove ekonomije: Rješavanje globalne ekonomske krize putem uzajamnog jamstva

Jeste li se ikada upitali zašto ekonomska kriza nikako da oslabi, unatoč tolikom trudu najboljih ekonomista na svijetu? Odgovor na to pitanje leži u nama, u svima nama. Ekonomija je odraz naših odnosa. Prirodnim razvojem svijet je postao integrirano globalno selo, u kojem smo svi međusobno ovisni.

Međuovisnost i „globalizacija" znače da ono što se dogodi na jednom dijelu svijeta utječe na sve ostale njegove dijelove. Stoga rješenje globalne krize mora obuhvatiti cijeli svijet, jer ako ozdravi samo jedan njegov dio, drugi će ga i dalje bolesni dijelovi ponovo zaraziti.

Knjiga *The Benefits of the New Economy* (*Prednosti nove ekonomije*) napisana je zbog zabrinutosti za našu zajedničku budućnost. Njezina je svrha poboljšati naše shvaćanje današnjeg ekonomskog meteža – njegovih uzroka, mogućih rješenja i predviđenog ishoda. Put prema novoj ekonomiji nije u uvođenju novih poreza, tiskanju novca, niti u bilo kakvom drugom lijeku iz prošlosti. Zapravo, rješenje leži u društvu u kojem svatko podržava svakog drugog u duhu uzajamnog jamstva. Time se stvara društveno ozračje skrbi i obzirnosti te spoznaja da ćemo uspjeti ili propasti zajedno, s obzirom na to da smo svi međusobno ovisni.

Ova knjiga sadrži trinaest „samostalnih" eseja koje je 2011. godine napisala nekolicina ekonomista i financijskih stručnjaka iz raznih disciplina. Svaki esej obrađuje specifičan problem i može se čitati kao zasebna cjelina. Međutim, povezuje ih jedna tema: nedostatak uzajamnog jamstva kao uzrok naših problema u globalno-integralnom svijetu.

Eseje možete čitati redom koji vam odgovara. Mi, autori, vjerujemo da ćete, budete li ih pročitali barem nekoliko, steći širi pogled na transformaciju potrebnu za rješavanje globalne krize i stvaranje održive, napredne ekonomije.

O ARI INSTITUTU

NAŠA MISIJA

Institut za napredno istraživanje integracije (Advanced Research of Integration, ARI) neprofitna je organizacija posvećena promidžbi pozitivnih promjena u obrazovnoj politici i praksi putem inovativnih ideja i rješenja. Oni se mogu primijeniti na najvažnije obrazovne probleme današnjice. ARI Institut predstavlja nov način razmišljanja i objašnjava prednosti prepoznavanja i primjene novih pravila koje čovječanstvo treba da bi uspjelo u međuovisnom, integriranom svijetu.

ARI Institut promiče međunarodnu i interdisciplinarnu suradnju putem svojih mreža, aktivnosti i multimedijskih resursa.

ŠTO RADIMO

Potičemo aktivni dijalog o globalnoj krizi kao prilici za olakšavanje pozitivne promjene u globalnom načinu razmišljanja o obrazovanju budućih generacija, da bismo ih osposobili da se nose s golemim promjenama u klimi, ekonomiji i geopolitičkim odnosima. Naši su materijali besplatni i dostupni svima, bez obzira na dob, spol, vjeru te politička ili kulturna opredjeljenja.

Materijali opisuju integralni, globalni sustav prirodnih zakonitosti koje se izlaze na vidjelo u današnjem društvu. Posvećeni smo širenju svog znanja na međunarodnoj razini, putem naših etabliranih multimedijskih kanala. Nadalje, posvećeni smo podizanju ljudske svijesti o potrebi za njegovanjem međusobnih odnosa u duhu uzajamne odgovornosti i osobne uključenosti.

NAŠE VRIJEDNOSTI

Živimo u teškim vremenima, suočeni smo s osobnim, ekološkim i društvenim krizama. Te se krize događaju zato što čovječanstvo ne može pojmiti međusobnu povezanost i međuovisnost između nas te između ljudske vrste i Prirode. Iznoseći informacije u javnost putem bogatog medijskog okruženja, mi djelujemo kao katalizator koji će preusmjeriti ljudsko ponašanje prema održivijem modelu. Zalažemo se za jedno rješenje trenutačne globalne krize i promičemo ga u svom jedinstvenom obrazovnom sadržaju, koji medijski kanali predstavljaju širom svijeta.

Zahvaljujući opširnim istraživanjima i javnim aktivnostima, ARI Institut pruža jasan, koherentan uvid u prirodni razvoj događaja i u društvene degradacije koji su doveli do aktualnog stanja u našem globalnom, integralnom svijetu. Usto proširujemo svoje internetsko okruženje kako bismo doprli do djece. Njima će koristiti sudjelovanje u obrazovnom procesu koji ih ohrabruje da postanu tolerantnim, odgovornim i obzirnim ljudskim bićima koja žive kao građani svijeta.

U tom internetskom okruženju djeca će sudjelovati u aktivnostima koja se simultano odvijaju u raznim dijelovima svijeta. Uz takve aktivnosti lakše će shvatiti da su sva povezana u zajedničko globalno selo i uvidjeti kako sudjelovanjem u tim programima mogu pridonijeti boljitku čovječanstva. Vjerujemo da izloženost tim okruženjima može temeljito promijeniti čitavu generaciju djece, pretvarajući ih u odgovorne građane svijeta i obilježavajući prekretnicu u trenutačno destruktivnim načinima ponašanja čovječanstva.

NAŠI STAVOVI O OBRAZOVANJU

Nova generacija suočena je s potpuno novim svijetom, punim izazova bez presedana. Usredotočimo li se na potrebe naše djece, možemo im puno pomoći pri suočavanju s problemima poput zloporabe droge, nasilja i sve većih stopa izbacivanja iz škola, što su problemi koje smatramo nedovoljno obrađenima u većini aktualnih obrazovnih sustava.

NAŠI STAVOVI O EKONOMIJI

Ova kriza nije ni financijska ni ekonomska, niti je ekološka. Zapravo, to je globalna kriza koja obuhvaća čitavu civilizaciju i sva područja života. Stoga moramo potražiti njezin korijen i pozabaviti se zajedničkim uzrokom – vlastitom sebičnom prirodom.

Vjerujemo da površna promjena u društvu neće uroditi trajnim rješenjem. Kao prvo moramo promijeniti veze između nas, prijeći s egocentričnosti na altruizam. To je načelo prema kojem funkcioniraju integralni sustavi, a danas otkrivamo da je ljudsko društvo upravo takav sustav.

NAŠE AKTIVNOSTI

TV i video

ARI Films (www.arifilms.tv) je ARI-jev odjel za film i televiziju, vrlo uspješno poduzeće dinamične proizvodnje, koje se specijaliziralo za sadržaje na internetskim, kabelskim i satelitskim televizijskim stanicama. ARI Films proizvodi obrazovne i dokumentarne emisije, dokudrame i *talk-show* serije, kao i emisije za posebne namjene. Tim odjela ARI Films sastoji se od širokog spektra iskusnih stručnjaka, među kojima su video urednici, animatori, snimatelji, scenaristi, producenti i redatelji.

Međunarodni forumi

ARI organizira redovne međunarodne forume po cijelom svijetu, kojima nazoči široka publika željna sudjelovanja u predavanjima i radionicama. Ti se forumi emitiraju uživo putem interneta, kao i na kabelskim te satelitskim TV mrežama.

Građani budućnosti: Naš Obrazovni centar i mreža

Građani budućnosti je neprofitna obrazovna udruga osnovana pod pokroviteljstvom ARI Instituta. Njezin je cilj pružiti djeci, omladini i roditeljima internetsko okruženje za učenje koje promiče vrijednosti ljubavi i skrbi za druge, toliko ključne u ovom globalnom dobu. Smatramo da će djeca koja budu usvojila te vrijednosti i koja ih se budu držala imati bolje izglede za život pun sreće, radosti i samoispunjenja. Da bi ostvarila svoje ciljeve, udruga Građani budućnosti djeluje na više razina, kao što je dolje navedeno.

Mreža dječjih obrazovnih centara

Obrazovni centri Građana budućnosti mjesta su na kojima se svakodnevno razvija i primjenjuje metoda „izgradnje ljudskih bića". U njima se za djecu stvara okruženje puno ljubavi i podrške, na osnovi prijateljstva i međusobne skrbi. Aktivnosti obuhvaćaju:

- Aktivnosti i igre koje promiču stvaranje snažnih veza između djece;
- Razgovore o Prirodi općenito i ljudskoj prirodi posebno;
- Dodatna predavanja o raznim školskim temama;
- Razvijanje potrebnih društvenih vještina za interpersonalnu i grupnu komunikaciju;
- Posjete muzejima, parkovima, prirodnim rezervatima, sudnicama i mnogim drugim mjestima i objektima, što pomaže djeci da upoznaju sustave koji utječu na naš život;
- Dokumentiranje aktivnosti i pripremanje strukturiranih konzultacija za instruktore u cilju širenja te inovativne metode po svijetu.

POKRET MLADIH YFU

Pokret mladih YFU (*Youth For Unity*, Mladi za jedinstvo) posebno je formiran u svrhu kreiranja okruženja punog podrške i ljubavi za mlade od 12 do 18 godina koja teži promoviranju vrijednosti uzajamnog obzira i ljubavi prema drugima. Taj društveni okvir izravni je produžetak komplementarnog obrazovnog centra Građani budućnosti. Aktivnosti YFU obuhvaćaju:

- Proučavanje Prirode općenito i ljudske prirode posebno;
- Stručnu obuku;
- Školu kinematografije;
- Konvencije, izlete i druge aktivnosti koje promiču jedinstvo;
- Konzultacije i obuku za djecu, kako bi se sljedeća generacija osposobila za život u međusobno povezanom svijetu;
- Pripremu i vodstvo za život odrasle osobe u današnjem svijetu:
- Stvaranje planova za predavanja o ljubavi prema drugima, ljudskoj prirodi i Prirodi kao cjelini;
- Proizvodnju i distribuciju dječjih emisija i emisija o obrazovanju;
- Smišljanje obrazovnih igara;
- Organiziranje konvencija za djecu, roditelje i odgajatelje.

DR. SC. MICHAEL LAITMAN, UTEMELJITELJ ARI INSTITUTA

Dr. sc. Michael Laitman visoko je kvalificirani utemeljitelj ARI Instituta. Stekao je titulu profesora ontologije i teorije znanja, doktora filozofije i magistra znanosti medicinske kibernetike. Danas ARI Institut ima ogranke po cijeloj Sjevernoj Americi, Srednjoj i Južnoj Americi, kao i po Aziji, Africi te zapadnoj i istočnoj Europi.

Dr. sc. Laitman posvećuje se otkrivanju i promicanju pozitivnih vrijednosti u obrazovnoj politici i praksi te njihovu primjenjivanju na najvažnije obrazovne probleme današnjice. On predlaže nov pristup obrazovanju, u kojem se primjenjuju pravila života u međusobno ovisnom, integriranom svijetu.

Vodič za život u globaliziranom svijetu

Dr. sc. Laitman daje specifične smjernice za život u novom globalnom selu, našem tehnološki sve povezanijem svijetu. Njegova svježa perspektiva obuhvaća sva područja ljudskog života: društveno, ekonomsko i ekološko, s osobitim naglaskom na obrazovanju. On skicira novi globalni obrazovni sustav, koji se temelji na univerzalnim vrijednostima. Tako bi se stvorilo kohezivno društvo u našoj novoj, čvršće međusobno povezanoj stvarnosti.

Na sastancima s gđom Irinom Bokovom, glavnom ravnateljicom UNESCO-a i s dr. Ashom-Rose Migiro, zamjenicom glavnog tajnika UN-a, razgovarao je o aktualnim obrazovnim problemima u svijetu i o svojoj viziji njihova rješavanja. Ta kritična tema sada se nalazi u procesu velikih promjena. Dr. sc. Laitman ističe važnost korištenja prednosti novih raspoloživih komunikacijskih alata, uzimajući pritom u obzir jedinstvene težnje današnje mladeži i pripremajući je za život u vrlo dinamičnom globalnom svijetu.

Zadnjih nekoliko godina dr. sc. Laitman blisko je surađivao s mnogim međunarodnim ustanovama i sudjelovao u nekoliko međunarodnih događanja – u Tokiju s Goi Peace Foundation, u Arosi (Švicarska) i Düsseldorfu (Njemačka), te na Međunarodnom forumu kultura (*International Forum of Cultures*) u Monterreyju (Meksiko). Ta događanja bila su organizirana uz podršku UNESCO-a. Na tim globalnim forumima pridonio je ključnim raspravama vezanim uz svjetsku krizu i skicirao korake potrebne za stvaranje pozitivne promjene putem jačanja globalne svijesti.

Dr. sc. Laitman pojavljivao se u međunarodnim medijima, uključujući Corriere della Sera, Chicago Tribune, Miami Herald, Jerusalem Post i The Globe, te RAI TV i Bloomberg TV.

Posvetio je život proučavanju ljudske prirode i društva te potrazi za odgovorima na smisao života u suvremenom svijetu. Zahvaljujući kombinaciji njegova akademskog zaleđa i opširna znanja tražen je svjetski mislioc i govornik. Dr. sc. Laitman napisao je više od 40 knjiga koje su prevedene na 18 jezika, a svima im je cilj pomoći pojedincima da postignu sklad između sebe i sa svojom okolinom.

Znanstveni pristup dr. sc. Laitmana omogućuje ljudima svih svjetonazora, nacionalnosti i vjera da nadiđu međusobne razlike i ujedine se oko globalne poruke uzajamne odgovornosti i suradnje.

PODACI ZA KONTAKT

Upiti opće informacije:
info@ariresearch.org

1057 Steeles Avenue West
Suite 532
Toronto, ON – M2R 3X1 Canada
Tel. +1 416 274 7287

112 Jabotinsky St.,
Petach Tikva, 49517 Israel
i.vinokur@ariresearch.org
Tel. +972-545606780